REZAR CON EL
PAPA FRANCISCO

EDICIONES PALABRA
Madrid

Colección: Documentos MC
Director de la colección: Javier Martín Valbuena

© Libreria Editrice Vaticana
© Eduardo Camino, 2013
© Ediciones Palabra, S.A., 2013
Paseo de la Castellana, 210 - 28046 MADRID (España)
Telf.: (34) 91 350 77 20 - (34) 91 350 77 39
www.palabra.es
epalsa@palabra.es

Diseño de cubierta: Raúl Ostos
Fotografía de portada: © Corbis
ISBN: 978-84-9840-888-1
Depósito Legal: M. 17.270-2013
Impresión: Gráficas Anzos, S.L.
Printed in Spain - Impreso en España

Eduardo Camino (ed.)

REZAR CON EL
PAPA FRANCISCO

PALABRA

PRESENTACIÓN

A los pocos días del nombramiento del nuevo Papa han florecido varios libros sobre su persona. Esta rapidez editorial respondía, entre otras razones, a un deseo generalizado: millones de personas en todo el mundo querían conocerle, saber cómo pensaba. El Espíritu Santo sorprendía una vez más, no solo a los más expertos vaticanistas, sino al mundo entero, eligiendo al primer sucesor de Pedro originario del continente americano y jesuita.

Tras sus primeras intervenciones, quizá la frase más comentada, la más corrida «de boca en boca», fuese «va a romper esquemas». Sí, a los pocos días el Papa Francisco, con sus palabras y gestos, había conquistado el corazón de millones de personas, creyentes o no.

Pero quienes le habían tratado ya como sacerdote, obispo y cardenal no se han sorprendido tanto. El Papa Francisco seguía, desde la Cátedra de Pedro, su línea habitual de conducta. Quizá los que no le conocíamos o los que simplemente le observábamos desde fuera podríamos vaticinar «cambios» en la Iglesia, pero la realidad es que Él sigue siendo fiel a su decir y fiel a su actuar. Un actuar y decir que, empleando una imagen, podríamos describir como *una locomotora con dos vagones, «misericordia» y «servicio», que transcurre por la vía (su vida) de dos categorías teológicas, las del encuentro y el diálogo.*

Este libro, a diferencia de los primeros volúmenes aparecidos tras su nombramiento, pretende ayudar al lector a rezar. De modo que adentrarse en su persona, conocer su pensamiento, resulte aquí secundario. Estas páginas son, primariamente, una ayuda para hablar con Dios sobre los temas que al Papa le preocupan.

Pienso que todavía está viva en millares de corazones su primera aparición pública, aquel 13 de marzo de 2013 que ya es historia. ¿Qué hizo tras presentarse y agradecer? *Rezar.* Puso a los miles de fieles que, en ese momento, le esperaban expectantes en la Plaza de San Pedro, a rezar. Primero por el Papa Emérito Benedicto XVI y, tras pedir oraciones de unos por otros, a orar en silencio por Él para que el Señor lo bendijese. Y, antes de despedirse, añadió: «mañana quisiera ir a rezar a la Virgen, para que proteja a toda Roma». Sí; el verbo más empleado en su primera aparición fue este: rezar. Y de ahí que estas páginas quieran responder a este primer deseo del Pontífice.

Este libro analiza, pues, *todas* sus intervenciones públicas (homilías, cartas, mensajes, audiencias, alocuciones, etc.) desde que fue nombrado cardenal por Juan Pablo II, el 21 de febrero de 2001, hasta su intervención como Papa en la Solemnidad del Corpus Christi, el 30 de mayo de 2013. Quiere, en este sentido, ser también un homenaje a sus primeros cien días de pontificado.

Sus enseñanzas, engarzadas en una decena de temas, quedan recopiladas en frases más bien breves, como chispazos que ayuden a encender el diálogo con Dios*. Algunas, las menos, han necesitado de un cierto contexto —mínimo— para su mejor comprensión. Situarlas en un tema u otro —muchas podrían estar en más de uno— es ya una elección, un modo de orientar la oración; como lo es también la elección de los títulos de los capítulos o el modo de ordenarlos. Además, su mismo orden de aparición dentro de cada capítulo posee una cierta lógica: dar continuidad a la oración. Todos estos detalles —si se puede hablar así— han sido nuestro pequeño «grano de arena» o «valor añadido».

Que el Espíritu Santo nos guíe en estos ratos de oración y acreciente en nuestros corazones los deseos de servir, con obras y de verdad, a la Iglesia, al Papa y a todas las almas.

E. Camino

---

* En la redacción hemos respetado siempre el lenguaje, la puntuación y ortografía originales, también en lo referente a las citas bíblicas.

Capítulo 1
EL ENCUENTRO CON DIOS

«La persona que descubre el amor de Dios en su vida
no es la misma que antes».
(Cultura y religiosidad popular, 19 de enero de 2008).

§ «La fe no es una idea, una filosofía o una ideología. La fe procede de un encuentro personal con Jesucristo, el Hijo de Dios hecho carne. La persona que descubre el amor de Dios en su vida no es la misma que antes» (Cultura y religiosidad popular, 19 de enero de 2008).

§ «Ser cristianos no se reduce a seguir los mandamientos, sino que quiere decir ser en Cristo, pensar como Él, actuar como Él, amar como Él; es dejar que Él tome posesión de nuestra vida y la cambie, la transforme, la libere de las tinieblas del mal y del pecado» (Audiencia general, 10 de abril de 2013).

§ «Todos tenemos ganas de encontrarnos con esa luz, con esa gloria escondida, y tenemos ganas pues el mismo Dios que nos creó sembró ese deseo en nuestro corazón. Pero nuestro corazón a veces se pone duro, caprichoso o, peor aún, se hincha de crecida soberbia. Entonces ese deseo de ver la Gloria de la luz queda ahogado y la vida corre el riesgo de pasar sin sentido, de ir agotándose en tinieblas» (Homilía, Misa del 24 de diciembre de 2003).

§ «Éste es un programa de vida, "dejate sorprender por Dios", "no te defiendas de Dios", "entrégate a la sorpresa de cada día", "no retacees para mañana, la ayuda y el servicio que Dios te pide hoy"» (Homilía, Misa por la celebración de los 400 años de la Provincia Franciscana de la Asunción, 9 de julio de 2012).

§ *Le preguntan: ¿cómo pudo en su vida llegar a la certeza de la fe? Y le piden que aconseje un camino para vencer la fragilidad de la fe. El Papa responde:* «es una pregunta histórica, porque se refiere a mi historia, ¡la historia de mi vida!

Tuve la gracia de crecer en una familia en la que la fe se vivía de modo sencillo y concreto; pero fue sobre todo mi abuela, la mamá de mi padre, quien marcó mi camino de fe. Era una mujer que nos explicaba, nos hablaba de Jesús, nos enseñaba el Catecismo. Recuerdo siempre que el Viernes Santo nos llevaba, por la tarde, a la procesión de las antorchas, y al final de esta procesión llegaba el "Cristo yacente", y la abuela nos hacía —a nosotros, niños— arrodillarnos y nos decía: "Mirad, está muerto, pero mañana resucita". Recibí el primer anuncio cristiano precisamente de esta mujer, ¡de mi abuela! ¡Esto es bellísimo! El primer anuncio en casa, ¡con la familia! Y esto me hace pensar en el amor de tantas mamás y de tantas abuelas en la transmisión de la fe. Son quienes transmiten la fe. Esto sucedía también en los primeros tiempos, porque san Pablo decía a Timoteo: "Evoco el recuerdo de la fe de tu abuela y de tu madre" (cfr. *2 Tm* 1, 5). Todas las mamás que están aquí, todas las abuelas, ¡pensad en esto! Transmitir la fe. Porque Dios nos pone al lado personas que ayudan nuestro camino de fe. Nosotros no encontramos la fe en lo abstracto, ¡no! Es siempre una persona que predica, que nos dice quién es Jesús, que nos transmite la fe, nos da el primer anuncio. Y así fue la primera experiencia de fe que tuve.

Pero hay un día muy importante para mí: el 21 de septiembre del 1953. Tenía casi 17 años. Era el "Día del estudiante", para nosotros el día de primavera —para vosotros aquí es el día de otoño. Antes de acudir a la fiesta, pasé por la parroquia a la que iba, encontré a un sacerdote a quien no conocía, y sentí la necesidad de confesarme. Ésta fue para mí una experiencia de encuentro: encontré a alguien que me esperaba. Pero no sé qué pasó, no lo recuerdo, no sé por qué estaba aquel sacerdote allí, a quien no conocía, por qué había sentido ese deseo de confesarme, pero la verdad es que alguien me esperaba. Me estaba esperando desde hacía tiempo. Después de la confesión sentí que algo había cambiado. Yo no era el mismo. Había oído justamente como una voz, una llamada: estaba convencido de que tenía que ser sacerdote. Esta experiencia en la fe es importante. Nosotros decimos que debemos buscar a Dios, ir a Él a pedir perdón, pero cuando vamos Él nos espera, ¡Él está primero! Nosotros, en español, tenemos una palabra que expresa bien esto: "El Señor siempre nos primerea", está primero, ¡nos está esperando! Y ésta es precisamente una gracia grande: encontrar a alguien que te está esperando. Tú vas pecador, pero Él te está esperando para perdonarte. Ésta es la experiencia que los profetas de Israel describían diciendo que el Señor es como la flor del almendro, la primera flor de primavera (cfr. *Jer 1*, 11-12). Antes de que salgan las demás flores, está Él: Él que espera. El Señor nos espera. Y, cuando le buscamos, hallamos esta realidad: que es Él quien nos espera para acogernos, para darnos su amor. Y esto te lleva al corazón un estupor tal que no lo crees, y así va creciendo la fe. Con el encuentro con una persona, con el encuentro con el Señor. Alguno dirá: "No; yo prefiero estudiar la fe en los libros". Es importante estudiarla, pero mira: esto solo no basta. Lo importante es el encuentro con Jesús, el encuentro con Él; y esto te da la fe, porque es precisamente Él quien te la da. Hablabais también de la fragilidad de la fe, cómo se hace para vencerla. El mayor enemigo de la fragilidad —curioso, ¿eh?— es el miedo. ¡Pero no tengáis miedo! Somos frágiles, y lo sabemos. Pero Él es más fuerte. Si tú estás con Él, no hay problema. Un niño es fragilísimo —he visto muchos hoy—, pero estaba con su papá, con su mamá: está seguro. Con el Señor estamos seguros. La fe crece con el Señor, precisamente de la mano del Señor; esto nos hace crecer y nos hace fuertes Pero si pensamos que podemos arreglárnoslas solos... Pensemos en qué le sucedió a Pedro: "Señor, nunca te negaré" (cfr. *Mt* 26, 33-35); y después cantó el gallo y le había negado tres veces (cfr. vv. 69-75). Pensemos: cuando nos fiamos demasiado de nosotros mismos, somos más frágiles, más frágiles. ¡Siempre con el Señor! Y decir "con el Señor" significa decir con la Eucaristía, con la Biblia, con la oración... pero también en familia, también con mamá, también con ella, porque ella es quien nos lleva al Señor; es la madre, es quien sabe todo. Así rezar también a la Virgen y pedirle, como mamá, que me fortalezca. Esto es lo que pienso sobre la fragilidad; al menos es mi experiencia. Algo que me hace fuerte todos los días es rezar el Rosario a la Virgen. Siento una fuerza muy grande porque acudo a Ella y me siento fuerte» (Vigilia de Pentecostés con los Movimientos Eclesiales, Plaza de San Pedro, 18 de mayo de 2013).

§ «Existe un momento en la experiencia de la relación con Jesús, en el cual el estupor que produce el encuentro con Él, todo encuentro con Él, hace tambalear la seguridad humana, y el corazón teme dilatarse en el gozo de ese encuentro, se asusta y retrocede refugiándose en lo que podríamos llamar el autocontrol, el tomar las riendas de la relación con el Señor, acomodándola a los parámetros de cierta sensatez y sentido común meramente humanos. Lucas describe genialmente esta experiencia en la aparición del Señor Resucitado a los discípulos: "Era tal la alegría y la admiración de los discípulos, que se resistían a creer" (*Lc* 24, 41). Miedo a la alegría, miedo a la autodonación de sí que supone el encuentro con Jesucristo, miedo a dejarse conducir por el Espíritu» (Homilía, Misa de apertura de la 95 Asamblea plenaria, 7 de abril de 2008).

§ «Acepta entonces que Jesús Resucitado entre en tu vida, acógelo como amigo, con confianza: ¡Él es la vida! Si hasta ahora has estado lejos de él, da un pequeño paso: te acogerá con los brazos abiertos. Si eres indiferente, acepta arriesgar: no quedarás decepcionado. Si te parece difícil seguirlo, no tengas miedo, confía en él, ten la seguridad de que él está cerca de ti, está contigo, y te dará la paz que buscas y la fuerza para vivir como él quiere» (Homilía, Misa del 30 de marzo de 2013).

§ *La «mirada amorosa»* «es inicio y condición de todo encuentro verdaderamente humano. Los evangelios no han escatimado versículos para documentar la profunda huella que dejó, en los primeros discípulos, la mirada de Jesús. ¡No se cansen de mirar con los ojos de Dios!» (Homilía a los catequistas, Encuentro Archidiocesano de Catequesis, marzo de 2005).

§ *Comentando el hecho de que Zaqueo, siendo bajo de estatura, se subiese a un sicómoro para poder ver, para poder encontrarse con Jesús...* «Zaqueo no optó por la resignación frente a sus dificultades, no cedió su oportunidad a la impotencia, se adelantó, buscó la altura desde donde ver mejor, y se dejó mirar por el Señor. Sí, dejarse mirar por el Señor, dejarse impactar por el dolor propio y el de los demás; dejar que el fracaso y la pobreza nos quiten los prejuicios, los ideologismos, las modas que insensibilizan, y que —de ese modo— podamos sentir el llamado: "Zaqueo, baja pronto" (…). Lo mejor es dejar que el Zaqueo que hay dentro de cada uno de nosotros se deje mirar por el Señor y acepte la invitación a bajar» (Te Deum, 25 de mayo de 2002).

§ «Cuando Jesús lo miró a él y le habló, Zaqueo dejó de ser un espectador y pasó a ser actor, protagonista de su propia vida. Aquí creció su alegría porque no estamos hechos para ser consumidores de espectáculos ajenos, sino para ser, cada uno, protagonistas de su propia vida» (Homilía en la fiesta de San Cayetano, 7 de agosto de 2011).

§ «Cada uno de nosotros, con toda verdad, hoy puede decir que no le es indiferente a Jesús. ¡Jesús se involucró en la vida de cada uno de nosotros! No con la vida de todos nosotros al voleo, sino de cada uno con nombre y apellido. ¡Jesús sabe lo que me pasa a mí! ¡Sabe lo que pasa en mi corazón y en el de cada uno de ustedes!... ¡Jesús pagó por mí y por cada uno de ustedes!» (Homilía, Misa del 27 de marzo de 2010).

§ «A todos nos conmueve cuando alguien quiere estar con nosotros simplemente porque nos quiere. A Jesús también le conmueve que la gente se quiera quedar con Él. El pueblo sencillo intuye que esto es lo más profundo del corazón de Dios: Jesús es el Dios con nosotros, el Dios que vino para quedarse en nuestra historia: "todos los días estoy con ustedes hasta el fin del mundo". Jesús se alegra de que la gente tenga ganas de estar con Él porque siente que es el Padre el que alimenta este deseo en el corazón de los hombres: "Nadie viene a mí si mi Padre no lo atrae. Y yo no rechazo a ninguno de los que Él me da"» (Homilía, Misa del Corpus Christi 2010).

§ *Para mostrarnos que el Evangelio es siempre actual, dice...* «Nos hace bien contemplar a Jesús rodeado de todos los personajes que vemos a diario en nuestros templos: nunca faltan, en medio de la comunidad que se reúne para dar culto a Dios, ni el que no está del todo sano en su carne o en su alma, ni el mendigo de la mano seca, ni la mujer encorvada, ni las hemorroísas silenciosas que saben tocar el manto del Señor; no faltan los que quizá no practican, como el centurión, pero que ayudan con su limosna y su buena voluntad; no falta la gente que acude a escuchar la palabra y que reza, se admira y alaba a Dios, ni faltan tampoco los que se escandalizan, los que vienen a cimentar; los fariseos que siempre están acechando a los demás con sus reglamentos sin caridad... Tampoco faltan en nuestros templos los ancianos santos como Simeón y Ana, los chicos del catecismo que se quedan después de hora... Y con mucha frecuencia están entrando a rezar el fariseo y el publicano; y todos los días, aunque solo Jesús lo ve, alguna viuda echa sus dos últimas moneditas en la alcancía de los pobres» (Homilía, Misa Crismal 2001).

§ *Comentando la relación de Jesús con las multitudes...* «La gente lo sigue y lo escucha porque siente que habla de manera distinta, con la autoridad que da el ser auténtico y coherente, el no tener dobles mensajes ni dobles intenciones. Hay alegría y regocijo cuando escuchan al Maestro. La gente bendice a Dios cuando Jesús habla porque su discurso los incluye a todos, los personaliza y los hace pueblo de Dios. ¿Se han fijado que solo los escribas y los fariseos, a quienes Jesús tilda de hipócritas, preguntan siempre "¿a quién le dices esto?". "¿Lo dices por nosotros?". "¡Mira que al decir esto también nos ofendes a nosotros!". La gente no hace esa pregunta; es más, quiere, desea, que la Palabra sea para ellos. Sabe que es una palabra que hace bien, que al que dice "esto es para mí", esa palabra lo sana, lo mejora, lo limpia... Es curioso, mientras algunos desprecian que el Señor hable en parábolas, la gente se bebe sus parábolas y las transmite de boca en boca; recibe todo: el contenido y el estilo de Jesús. Estaba sedienta de esa Palabra nueva, sedienta de Evangelio, sedienta de la Palabra de Dios» (Homilía, Misa del Corpus Christi 2004).

§ «Cristo piensa coherentemente porque piensa lo que siente y lo que hace. Siente coherentemente porque siente lo que piensa y lo que hace. Obra coherentemente porque hace lo que siente y lo que piensa. Coherencia obediencial, coherencia transparente, coherencia que no tiene nada que ocultar, coherencia que es pura bondad y que vence al mal con ese bien coherente de haberse ofrecido "para hacer tu voluntad", le dice al Padre» (Homilía, Misa en memoria de Juan Pablo II, 4 de abril de 2005).

§ *Refiriéndose a* «la paciencia que el Señor tenía para enseñar. La paciencia con la gente (los evangelistas nos hacen notar cómo Jesús se pasaba horas enseñando y charlando con la gente, aunque estuviera cansado); y la paciencia con los discípulos (cómo les explicaba las parábolas cuando se quedaban a solas, con cuánto buen humor les hacía confesar que habían estado charlando acerca de quién era el más importante..., cómo los fue preparando para su cruz y para que lo supieran reconocer luego en la increíble alegría de la resurrección)» (Homilía, Misa Crismal 2012).

§ «Jesús era muy cuidadoso con los detalles. El "pequeño detalle" de que faltaba una ovejita. (…) El "pequeño detalle" de la viuda que ofreció sus dos moneditas. El "pequeño detalle" del que no perdonó una deuda pequeña después de haber sido perdonado en la deuda grande. El "pequeño detalle" de tener aceite de repuesto en las lámparas por si se demora el novio. El "pequeño detalle" de ir a fijarse cuántos panes tenían. El "pequeño detalle" de tener un fueguito preparado y un pez en la parrilla mientras esperaba a los discípulos de madrugada. El "pequeño detalle" de preguntarle a Pedro, entre tantas cosas importantes que se venían, si de verdad lo quería como amigo. El "pequeño detalle" de no haberse querido curar las llagas» (Homilía, Misa Crismal 2003).

§ «Jesús, el Hijo amado, es el Ungido porque lo recibe todo del Padre. El Señor no tiene nada por sí mismo ni hace nada por sí mismo: en Él todo es unción recibida y cumplimiento de la misión. Así como lo recibe todo, lo da todo mediante el servicio y la entrega de su vida en la Cruz. Para poder recibir un don tan total necesitamos que el Señor nos enseñe a despojarnos de nosotros mismos, a abajarnos, a anonadarnos» (Homilía, Misa Crismal 2006).

§ «"Y esto les servirá de señal: encontrarán a un niño recién nacido envuelto en pañales y acostado en un pesebre…". Esta es la señal: el abajamiento total de Dios. La señal es que (…) Dios se enamoró de nuestra pequeñez y se hizo ternura; ternura para toda fragilidad, para todo sufrimiento, para toda angustia, para toda búsqueda, para todo límite. La señal es la ternura de Dios; y el mensaje que esperaban todos aquellos que le pedían señales a Jesús, todos aquellos desorientados, aquellos que incluso eran enemigos de Jesús y lo buscaban desde el fondo del alma era éste: buscaban la ternura de Dios, Dios hecho ternura, Dios acariciando nuestra miseria, Dios enamorado de nuestra pequeñez» (Homilía, Misa del 24 de diciembre de 2004).

§ «Ustedes saben que en la gruta de Belén actualmente para entrar al lugar donde nació Jesús hay que agacharse, hay que abajarse, para encontrar a Jesús hay que hacerse pequeño. Despójate de toda pretensión. Despójate de toda ilusión efímera, andá a lo esencial, a lo que te promete vida, a lo que te da dignidad. Abájate, no le tengas miedo a la humildad, no le tengas miedo a la mansedumbre» (Homilía, Misa del 24 de diciembre de 2010).

§ *Las santas mujeres que van al sepulcro de madrugada a ungir el cuerpo del Señor y se encuentran con dos varones con vestiduras brillantes que les dicen:* «¿Por qué buscáis entre los muertos al que está vivo? No está aquí, sino que ha resucitado; recordad cómo os habló cuando aún estaba en Galilea diciendo que convenía que el Hijo del Hombre fuera entregado en manos de hombres pecadores, y fuera crucificado y resucitase al tercer día. Entonces ellas se acordaron de sus palabras» (*Lc* 24, 5-8). *Y comenta...* «El recuerdo las resitúa en la realidad. Recuperan la memoria y la conciencia de ser pueblo elegido, recuerdan las promesas, se reafirman en la alianza y se sienten nuevamente elegidas. Entonces nace en el corazón ese ímpetu fuerte, que es el Espíritu Santo, para ir a evangelizar, a anunciar la gran noticia. Toda la historia de la salvación vuelve a ponerse en marcha. Vuelve a repetirse el milagro de aquella noche en el Mar Rojo: "y el Señor dijo a Moisés: '¿por qué me invocas con esos gritos? Ordena a los israelitas que reanuden la marcha'" (*Ex* 14, 15). Y el pueblo siguió su camino con el correr de las mujeres que habían recordado las promesas del Señor (…).

Recuerden la promesa pero, sobre todo, recuerden la propia historia. Recuerden las maravillas que el Señor nos ha hecho a lo largo de la vida. "Presta atención y ten cuidado para no olvidar las cosas que has visto con tus propios ojos, ni dejar que se aparten de tu corazón un solo instante" (*Dt* 4, 9); cuando estés satisfecho "no olvides al Señor que te hizo salir de Egipto, de un lugar de esclavitud" (*Dt* 6, 12); "acuérdate del largo camino que el Señor, tu Dios, te hizo recorrer por el desierto durante estos cuarenta años… la ropa que llevabas puesta no se gastó, ni tampoco se hincharon tus pies…" (*Dt* 8, 2-4). "No olvides al Señor que te hizo salir de Egipto, de un lugar de esclavitud" (*Dt* 6, 12); "recuerden los primeros tiempos" (*Hb* 10, 32); "acuérdate de Jesucristo, que resucitó de entre los muertos" (*2 Tim* 2, 8). Así nos exhorta la palabra de Dios para que continuamente releamos nuestra historia de salvación a fin de poder seguir hacia adelante. La memoria del camino andado por la gracia de Dios es fortaleza y fundamento de esperanza para continuar andando» (Homilía, Vigilia Pascual, 10 de abril de 2004).

§ «El acontecimiento de la resurrección de Jesucristo nos invita a todos nosotros a volver sobre nuestros pasos; hacia el primer llamado, el primer encuentro, para contemplarlo ahora ya con la esperanza que da la certeza de la victoria, la certeza de haber ganado. Volver a aquel primer encuentro, revivir lo que fue aquello, pero con la convicción de que ese camino recorrido no fue en vano. Fue un camino de cruz, pero de victoria» (Homilía, Vigilia Pascual, 30 de marzo de 2002).

§ «La palabra y los gestos del Señor liberan y abren los ojos de todos. Nadie queda indiferente. La palabra del Señor siempre hace optar» (Homilía, Misa Crismal 2006).

Capítulo 2
PECADO Y SALVACIÓN

«Déjate reconciliar con Dios,
volvé al Señor con todo tu corazón,
déjate desarrugar el corazón y mirá hacia arriba.
El resto lo hace Él. Tené confianza».

(Miércoles de Ceniza, 9 de marzo de 2011).

§ «Es verdad, debemos dialogar con todas las personas, pero con la tentación no se dialoga. Allí solo nos queda refugiarnos en la fuerza de la Palabra de Dios como el Señor en el desierto y recurrir a la mendicidad de la oración» (Carta a los sacerdotes, consagrados y consagradas de la Arquidiócesis, 2007).

§ «Sepamos que para ser un buen cristiano es fundamental reconocerse pecador. Si alguno de nosotros no se reconoce pecador no es un buen cristiano» (Homilía en el 43 aniversario de la Comunidad de san Egidio, 24 de septiembre de 2011).

§ «La vocación no sería plena si excluyera nuestro barro, nuestras caídas, nuestros fracasos, nuestras luchas cotidianas: es en ella donde la vida de Jesús se manifiesta y se hace anuncio salvador. Gracias a ella descubrimos los dolores del hermano como propios» (Mensaje a los catequistas, 21 de agosto de 2003).

25

§ «Solo comportándonos como hijos de Dios, sin desalentarnos por nuestras caídas, por nuestros pecados, sintiéndonos amados por Él, nuestra vida será nueva, animada por la serenidad y por la alegría. ¡Dios es nuestra fuerza! ¡Dios es nuestra esperanza!» (Audiencia general, 10 de abril de 2013).

§ «¿Dónde estoy? respecto de Dios. ¿Dónde estoy? respecto de mí mismo. Hoy es el "tiempo oportuno" para resituarnos. ¡Tantas veces nos desplazamos del camino!, ¡tantas veces nuestra brújula se enloquece y perdemos el sentido de la orientación! Hoy debemos responder con verdad; mirar dentro de nuestro corazón. No tener miedo, pero decir la verdad. "¿Dónde estoy situado?". Y no tratar de echar la culpa a otro: "La mujer que pusiste a mi lado me dio el fruto y yo comí de él" (*Gen* 3, 12). Resituarme en mí mismo y delante de Dios. Y volver a orientar mi corazón convirtiéndome a Él» (Intervención durante el rito de Rosh Hashaná en la sinagoga de la calle Vidal 2049 de Buenos Aires, 11 de setiembre de 2004).

§ *Te invito…* «a que con la misma mirada contemplativa con la cual descubres la cercanía del Señor de la Historia, reconozcas en tu fragilidad el tesoro escondido, que confunde a los soberbios y derriba a los poderosos. Hoy el Señor nos invita a abrazar nuestra fragilidad como fuente de un gran tesoro evangelizador. Reconocernos barro, vasija y camino es también darle culto al verdadero Dios» (Carta a los catequistas, 21 de agosto de 2003).

§ «Bienaventurados los que lloran, porque esos serán consolados. El que no sintió alguna vez en la vida la tristeza, la angustia, el dolor nunca va a conocer la caricia del consuelo; es tan linda la caricia del consuelo... Uno podría decir que una maldición, gitana o no gitana, que le puede desear a otro sería: "Ojalá que no puedas llorar nunca"... Pobre el hombre o la mujer que tenga el corazón de piedra y no pueda llorar, por eso felices los que lloran porque tienen capacidad de conmoverse, tienen capacidad de percibir desde su corazón, tanto dolor suelto, tanto dolor que tiene en su propia vida. ¡Esos serán felices! porque serán consolados por la tierna mano del Padre Dios que los consuela y los acaricia» (Homilía en las fiestas patronales de San Pantaleón, 27 de julio de 2012).

§ *La esperanza verdadera* «nos dice que siempre hay un futuro posible. Nos permite descubrir que las derrotas de hoy no son completas ni definitivas, liberándonos así del desaliento; y que los éxitos que podemos obtener tampoco lo son, salvándonos de la esclerosis y el conformismo. Nos revela nuestra condición de seres no terminados, siempre abiertos a algo más, en camino. Y nos agrega la conciencia creyente, la certeza de un Dios que se mete en nuestra vida y nos auxilia en ese camino» (Mensaje a las Comunidades Educativas en la Pascua del Señor, 2007).

§ «El Hijo de Dios se hizo hombre y murió en la cruz por la salvación de los hombres. ¿Cuál es la proporción entre la "inversión" hecha por Dios y el objeto de ese "gasto"? Podríamos decir sin ser irreverentes:

27

no hay nadie más "ineficiente" que Dios. Sacrificar a su Hijo por la humanidad, y humanidad pecadora y desagradecida hasta el día de hoy... No cabe dudas: la lógica de la Historia de la Salvación es una lógica de lo gratuito. No se mide por "debe" y "haber", ni siquiera por los "méritos" que hacemos valer» (Mensaje a las Comunidades Educativas, 21 de abril de 2004).

§ «Jesús ha despertado en el corazón tantas esperanzas, sobre todo entre la gente humilde, simple, pobre, olvidada, esa que no cuenta a los ojos del mundo. Él ha sabido comprender las miserias humanas, ha mostrado el rostro de misericordia de Dios y se ha inclinado para curar el cuerpo y el alma.

Este es Jesús. Este es su corazón atento a todos nosotros, que ve nuestras debilidades, nuestros pecados» (Homilía, Misa Domingo de Ramos, 24 de marzo de 2013).

§ «"El pueblo que caminaba en tinieblas vio una gran luz"... pero la vio el pueblo, aquel que era sencillo y estaba abierto al regalo de Dios. No la vieron los autosuficientes, los soberbios, los que se fabrican su propia ley según su medida, los que cierran las puertas» (Homilía, Navidad 2003).

§ «Despertar una vez más a la humildad; a la humildad de aceptar lo que podemos y somos, a tener la grandeza de compartir sin engaños ni apariencias; porque las ambiciones desmedidas solo lograrán que el supuesto vencedor sea el rey de un desierto, de una tierra arrasada, o el capataz de la propia foránea» (Te Deum, 25 de mayo de 2011).

§ «Tal vez alguno de nosotros puede pensar: mi pecado es tan grande, mi lejanía de Dios es como la del hijo menor de la parábola, mi incredulidad es como la de Tomás; no tengo las agallas para volver, para pensar que Dios pueda acogerme y que me esté esperando precisamente a mí. Pero Dios te espera precisamente a ti, te pide solo el valor de regresar a Él. Cuántas veces en mi ministerio pastoral me han repetido: "Padre, tengo muchos pecados"; y la invitación que he hecho siempre es: "No temas, ve con Él, te está esperando, Él hará todo"» (Homilía en San Juan de Letrán, 7 de abril de 2013).

§ *Comentando la parábola del hijo pródigo...* «Estás empobrecido, parte de tu herencia la has malgastado y parte te la han robado. Es verdad. Pero te queda lo más valioso: el rescoldo de tu dignidad siempre intacta y la llamita de tu esperanza, que se enciende de nuevo cada día. Te queda esa reserva espiritual que heredaste.

Mira que tu Padre no deja de ir, cada atardecer, a esperarte a la terraza... para ver si te ve volver.

Emprende el camino de regreso, fijos tus ojos en los de tu padre, que te amplía el horizonte para que des todo lo que puedes dar» (Homilía, Congreso Eucarístico nacional, septiembre de 2004).

§ *Comentando, en esa misma parábola, la actitud del padre que todos los días espera el regreso de su hijo...* «El protagonismo del padre fue esperar la vida como viniera... derrotada, sucia, pecadora, destruida... como viniera. Él tenía que esperar esa vida y acogerla en ese abrazo.

29

A veces nos defendemos poniendo distancias de exquisitez como los escribas y los fariseos: "Hasta que esté purificada la vida no la recibo". Y se lavaban mil veces las manos antes de comer y otras abluciones... pero Jesús se lo echa en cara porque su corazón estaba lejos de lo que Dios quería (...).

La vida no se impone, la vida se siembra y se riega, no se impone. Cada uno es protagonista de la suya. Y eso Dios lo respeta. Acompañemos la vida como Dios lo hace» (Encuentro archidiocesano de catequistas, 10 de marzo de 2012).

§ «¿Estamos acaso con frecuencia cansados, decepcionados, tristes; sentimos el peso de nuestros pecados, pensamos que no lo podemos conseguir? No nos encerremos en nosotros mismos, no perdamos la confianza, nunca nos resignemos: no hay situaciones que Dios no pueda cambiar, no hay pecado que no pueda perdonar si nos abrimos a él» (Homilía, Misa del 30 de marzo de 2013).

§ «No olvidemos esta palabra: Dios nunca se cansa de perdonar. Nunca. "Y, padre, ¿cuál es el problema?". El problema es que nosotros nos cansamos, no queremos, nos cansamos de pedir perdón. Él jamás se cansa de perdonar, pero nosotros, a veces, nos cansamos de pedir perdón. No nos cansemos nunca, no nos cansemos nunca. Él es el Padre amoroso que siempre perdona, que tiene ese corazón misericordioso con todos nosotros. Y aprendamos también nosotros a ser misericordiosos con todos» (Alocución con motivo del Ángelus en la Plaza San Pedro, 17 de marzo de 2013).

§ «El mensaje de Jesús es éste: la misericordia. Para mí, lo digo con humildad, es el mensaje más fuerte del Señor: la misericordia (...). El Señor no se cansa de perdonar: ¡jamás! Somos nosotros los que nos cansamos de pedirle perdón. Y pidamos la gracia de no cansarnos de pedir perdón, porque Él nunca se cansa de perdonar. Pidamos esta gracia» (Homilía en la Parroquia de Santa Ana, 17 de marzo de 2013).

§ «El Rostro de Dios es el de un Padre misericordioso que siempre tiene paciencia. ¿Habéis pensado en la paciencia de Dios, la paciencia que tiene con cada uno de nosotros? Ésa es su misericordia. Siempre tiene paciencia, paciencia con nosotros, nos comprende, nos espera, no se cansa de perdonarnos si sabemos volver a Él con el corazón contrito. "Grande es la misericordia del Señor", dice el Salmo» (Alocución con motivo del Ángelus en la Plaza de San Pedro, 17 de marzo de 2013).

§ «A la misericordia, más que entenderla se la encuentra desde nuestra propia nada, nuestras miserias, nuestros pecados» (Homilía en la Misa de Apertura de la 94 Asamblea Plenaria, 5 de noviembre de 2007).

§ «Todavía hay quien dice hoy: "Cristo sí, la Iglesia no". Como los que dicen: "yo creo en Dios, pero no en los sacerdotes". Pero es precisamente la Iglesia la que nos lleva a Cristo y nos lleva a Dios; la Iglesia es la gran familia de los hijos de Dios. Cierto, también tiene aspectos humanos; en quienes la componen, pastores y fieles, existen defectos, imperfecciones, pecados; también el Papa los tiene, y tiene muchos, pero es bello que cuando nos damos cuenta de ser pecadores encontramos la misericordia de Dios, que siempre nos perdona. No lo olvidemos: Dios siempre perdona y nos recibe en su amor de perdón y de misericordia. Hay quien dice que el pecado es una ofensa a Dios, pero también una oportunidad de humillación para percatarse de que existe otra cosa más bella: la misericordia de Dios. Pensemos en esto» (Audiencia general, 29 de mayo de 2013).

Capítulo 3
ORACIÓN

«Toda la Biblia se ve atravesada
por una invitación recurrente: ¡Escucha!».

(Carta a los catequistas, agosto de 2006).

§ «La oración es expresión de apertura, de confianza y de tener necesidad de Dios. El que se siente autosuficiente, no ora, se autocomplace. La oración auténtica exige la transparencia, la coherencia y la autenticidad» (Mensaje de Cuaresma, Miércoles de ceniza, 6 de febrero de 2008).

§ «Cada uno de nosotros, en la propia vida, de manera consciente y tal vez a veces sin darse cuenta, tiene un orden muy preciso de las cosas consideradas más o menos importantes. Adorar al Señor quiere decir darle a él el lugar que le corresponde; adorar al Señor quiere decir afirmar, creer —pero no simplemente de palabra— que únicamente él guía verdaderamente nuestra vida; adorar al Señor quiere decir que estamos convencidos ante él de que es el único Dios, el Dios de nuestra vida, el Dios de nuestra historia» (Homilía, Misa del 14 de abril de 2013).

§ «Dios nos escucha. Él no es como los ídolos, que tienen oídos pero no escuchan. No es como los poderosos, que escuchan lo que les conviene. Él escucha todo. También las quejas y los enojos de sus hijos. Y no solo escucha, sino que ama escuchar. Ama estar atento, oír bien, oír todo lo que nos pasa...» (Carta a los catequistas, agosto de 2006).

§ «Nuestro Padre escucha los sentimientos que nos conmueven, al recordar a nuestros seres queridos, al ver la fe de los otros y sus necesidades, al acordarnos de cosas lindas y cosas tristes que nos han pasado este año (...). Porque Él escucha hasta nuestros sentimientos más íntimos. El Evangelio dice que ni un pajarito cae en tierra sin el Padre. Y bien podría ser que diga: "sin que el Padre escuche que cae"» (Homilía en la fiesta de San Cayetano, 7 de agosto de 2006).

§ «La parábola del juicio final es la manera que tiene Jesús de decirnos que Dios ha estado atento a toda la historia de la humanidad. Que Él ha escuchado cada vez que un pobrecito pedía algo. Cada vez que alguien, aunque fuera con voz bajita, como la gente más humilde que pide que casi ni se la oye, cada vez que alguno de sus hijitos ha pedido ayuda, Él ha estado escuchando. Y lo que va a juzgar en nosotros los hombres es si hemos estado atentos junto con Él, si le hemos pedido permiso para escuchar con su oído, para saber bien qué les pasa a nuestros hermanos, para poder ayudarlos. O si, al revés, nos hemos hecho los sordos, nos hemos puesto los *walkman*, para no escuchar a nadie. Él escucha y, cuando encuentra a gente que tiene el oído atento como el suyo y que responde bien, a esa gente la bendice y le regala el Reino de los cielos» (Homilía en la fiesta de San Cayetano, 7 de agosto de 2006).

§ «Quien escucha sanamente recrea los vínculos personales, tantas veces lastimados, con el simple bálsamo de reconocer al otro como importante y con algo para decirme. La escucha primerea al diálogo y hace posible el milagro de empatía que vence distancias y resquemores» (Carta a los catequistas, agosto de 2006).

§ «No siempre es fácil escuchar. A veces es más cómodo hacerse el sordo, ponerse los *walkman* para no escuchar a nadie. Con facilidad suplantamos la escucha por el *mail*, el mensajito o el "chateo", y así privatizamos a la escucha de la realidad de rostros, miradas y abrazos. Podemos también preseleccionar la escucha y escuchar a algunos, lógicamente a los que nos conviene (…).

Escuchar es atender, valorar, respetar, salvar la proposición ajena… Hay que poner los medios para escuchar bien, para que todos puedan hablar, para que se tenga en cuenta lo que cada uno quiere decir. Hay —en el escuchar— algo martirial, algo de morir a uno mismo que recrea el gesto sagrado del Éxodo: quítate las sandalias, anda con cuidado, no atropelles. Calla, es tierra sagrada, ¡hay alguien que tiene algo que decir! ¡Saber escuchar es una gracia muy grande! Es un don que hay que pedir y ejercitarse en él» (Carta a los catequistas, agosto de 2006).

§ «Siempre me ha llamado la atención que, cuando le preguntan a Jesús cuál es el mandamiento principal, Él responde con la plegaria judía más famosa: la "Shemá". Palabra que en hebreo quiere decir "escucha" (…).

Para el pueblo de Israel esta oración es tan importante que los judíos la guardan en pequeños rollos que atan sobre su frente o en el brazo cercano al corazón, y constituye la enseñanza inicial y principal que se transmite de padres a hijos, de generación en generación. Detrás de todo ello está la certeza comunicada de generación en generación: la conciencia de que el único modo de aprender y transmitir la Alianza de Dios es éste, escuchando.

Jesús suma a este primer mandamiento otro que lo sigue en importancia: "… el segundo es: Amarás a tu prójimo como a ti mismo. No hay otro mandamiento más grande que estos" (*Mc* 12, 31).

Escuchar para amar, escuchar para entrar en diálogo y responder, "escuchar y poner en práctica la Palabra de Dios", dirá en otras oportunidades para hablar sobre el llamado y la respuesta al amor de Dios. Escuchar y conmoverse será su actitud permanente ante el que sufre. No hay posibilidad de amor a Dios y al prójimo sin esta primera actitud: escucharlos» (Carta a los catequistas, agosto de 2006).

§ «Escuchar es más que oír… Esto último está en la línea de la información. Lo primero, en la línea de la comunicación, en la capacidad del corazón que hace posible la proximidad, sin la cual no es posible un verdadero encuentro. La escucha nos ayuda a encontrar el gesto y la palabra oportuna que nos desinstala de la siempre más tranquila condición de espectador» (Carta a los catequistas, agosto de 2006).

§ «¿He podido saborear la sencilla experiencia de arrojar las preocupaciones en el Señor (cfr. *Sal* 54, 23) en la oración? Qué bueno sería si lográsemos entender y seguir el consejo de san Pablo: "No os preocupéis por nada, antes bien presentad a Dios vuestras peticiones por medio de la oración y la súplica, junto con la acción de gracias. Y la paz de Dios que supera todo conocimiento custodiará vuestros corazones y vuestros pensamientos en Cristo Jesús" (*Fil* 4, 6-7)» (Carta a los sacerdotes, consagrados y consagradas de la Arquidiócesis, 2007).

§ «Hoy, más que nunca, es necesario que todo movimiento hacia el hermano, todo servicio eclesial, tenga el presupuesto y fundamento de la cercanía y la familiaridad con el Señor. Así como la visita de María a Isabel, rica en actitudes de servicio y de alegría, solo se entiende y se hace realidad desde la experiencia profunda de encuentro y escucha acontecida en el silencio de Nazaret» (Homilía a los catequistas, Encuentro Archidiocesano de Catequesis, marzo de 2001).

§ «El Señor que dice: "Si ustedes me piden algo a mi nombre yo lo voy a hacer". Y eso el Señor se lo dice a hombres frágiles. Pero a hombres frágiles que han sentido la caricia de su misericordia y eso les da fuerzas para recurrir a su Señor. Descansan en la misericordia de su Señor que se hace promesa de escuchar todo lo que piden» (Homilía, 81 Asamblea Plenaria de la CEA, mayo 2001).

§ «Me imagino que el pobre Abraham se asustó mucho cuando Dios le dijo que iba a destruir Sodoma. Pensó en sus parientes de allí, por cierto, pero fue más allá: ¿no cabría la posibilidad de salvar a esa pobre gente? Y comienza el regateo. Pese al santo temor religioso que le producía estar en presencia de Dios, a Abraham se le impuso la responsabilidad. Se sintió responsable. No se queda tranquilo con un pedido, siente que debe interceder para salvar la situación, percibe que ha de luchar con Dios, entrar en una pulseada palmo a palmo. Ya no le interesan solo sus parientes, sino todo ese pueblo... y se juega en la intercesión. Se involucra en ese mano a mano con Dios. Podía haberse quedado tranquilo con su conciencia después del primer intento, gozando de la presencia del hijo que acaba de tener (cfr. Gn 18, 9) pero sigue y sigue. Quizás inconscientemente ya siente a ese pueblo pecador como hijo suyo, no sé, pero decide jugársela por él. Su intercesión es corajuda aun a riesgo de irritar al Señor. Es el coraje de la verdadera intercesión» (Carta a los sacerdotes, consagrados y consagradas de la Arquidiócesis, 2007).

§ «No [podemos] quedarnos tranquilos con haber pedido una vez; la intercesión cristiana carga con toda nuestra insistencia hasta el límite. Así oraba David cuando pedía por su hijo moribundo (cfr. *2 Sam* 12, 15-18), así oró Moisés por el pueblo rebelde (cfr. *Ex* 32, 11-14, *Nm* 4, 10-19; *Dt* 9, 18-20), dejando de lado su comodidad y provecho personal y la posibilidad de convertirse en líder de una gran nación (cfr. *Ex* 32, 10)» (Carta a los sacerdotes, consagrados y consagradas de la Arquidiócesis, 2007).

§ «La intercesión no es para flojos. No rezamos para "cumplir" y quedar bien con nuestra conciencia o para gozar de una armonía interior meramente estética. Cuando oramos estamos luchando por nuestro pueblo. ¿Así oro yo? ¿O me canso, me aburro y procuro no meterme en ese lío y que mis cosas anden tranquilas?» (Carta a los sacerdotes, consagrados y consagradas de la Arquidiócesis, 2007).

§ «La oración, si bien nos da paz y confianza, también nos fatiga el corazón. Se trata de la fatiga de quien no se trata a sí mismo, de quien maduradamente se hace cargo de su responsabilidad pastoral, de quien se sabe minoría en "esta generación perversa y adúltera", de quien acepta luchar cada día con Dios para que salve a su pueblo. Cabe aquí la pregunta: ¿tengo yo el corazón fatigado en el coraje de la intercesión y —a la vez— siento en medio de tanta lucha la serena paz de alma de quien se mueve en la familiaridad con Dios? Fatiga y paz van juntas en el corazón que ora» (Carta a los sacerdotes, consagrados y consagradas de la Arquidiócesis, 2007).

§ «Sabemos que solos no podemos. Aquí cabe la pregunta: ¿le damos espacio al Señor?, ¿le dejo tiempo en mi jornada para que Él actúe?, ¿O estoy tan ocupado en hacer yo las cosas que no me acuerdo de dejarlo entrar?» (Carta a los sacerdotes, consagrados y consagradas de la Arquidiócesis, 2007).

§ «Jesús promete a la Samaritana dar un "agua viva", superabundante y para siempre, a todos aquellos que le reconozcan como el Hijo enviado del Padre para salvarnos (cfr. *Jn* 4, 5-26; 3, 17). Jesús vino para donarnos esta "agua viva" que es el Espíritu Santo, para que nuestra vida sea guiada por Dios, animada por Dios, nutrida por Dios. Cuando decimos que el cristiano es un hombre espiritual entendemos precisamente esto: el cristiano es una persona que piensa y obra según Dios, según el Espíritu Santo. Pero me pregunto: ¿y nosotros pensamos según Dios? ¿Actuamos según Dios? ¿O nos dejamos guiar por otras muchas cosas que no son precisamente Dios? Cada uno de nosotros debe responder a esto en lo profundo de su corazón» (Audiencia general, 8 de mayo de 2013).

§ «Los santos son como los oídos de Dios, uno para cada necesidad de su pueblo. Y también nosotros podemos ser santos en este sentido, ser oído de Dios en nuestra familia, en nuestro barrio, en el lugar donde nos movemos y trabajamos. Ser una persona que escucha lo que necesita la gente, pero no solo para afligirnos o para ir a contarle a otro, sino para juntar todos esos reclamos y contárselos al Señor» (Homilía en la fiesta de San Cayetano, 7 de agosto de 2006).

Capítulo 4
BONDAD, BELLEZA, VERDAD Y UNIDAD

«Cuando nos animamos a mirar bien
a fondo el rostro de los que sufren
se produce un milagro: aparece el Rostro de Jesús».
(Homilía en la fiesta de San Cayetano, 7 de agosto de 2009).

§ «No debemos tener miedo de la bondad, más aún, ni siquiera de la ternura» (Homilía, Misa Solemnidad de San José, 19 de marzo de 2013).

§ «Una señal de alarma aparece en el horizonte cuando la vulgaridad, la vanidad, lo chabacano, no son vistos como tales, sino que pretenden reemplazar a la belleza. Se da entonces ese proceso de banalización de lo humano que termina siendo esencialmente degradante» (Disertación a los comunicadores en ADEPA, abril de 2006).

§ «El Evangelio nos presenta un acontecimiento muy pequeño, algo que pasó en dos segundos, y fue tan rápido y se realizó tan secretamente, que nadie se enteró. El único que se dio cuenta fue Jesús. Él lo valoró y así se lo hizo notar a los discípulos. Y de allí se convirtió en un gesto grande, en una enseñanza para todos. En medio de toda la gente que daba limosna, Jesús se fijó en una humilde mujer que había perdido a su esposo y cuidaba sola de su familia. Esta señora puso las dos moneditas que tenía para comer ese día en la alcancía del Templo. Dos moneditas que no hicieron ruido como hacen las monedas grandes de plata, pero su tintineo resonó como una plegaria en el Corazón de Jesús» (Homilía en la fiesta de San Cayetano, 7 de agosto de 2003).

§ «En el Jesús roto de la cruz, que no tiene apariencia ni presencia a los ojos del mundo y de las cámaras de TV, resplandece la belleza del amor hermoso de Dios que da su vida por nosotros. Es la belleza de la caridad, la belleza de los santos. Cuando pensamos en alguien como la Madre Teresa de Calcuta, nuestro corazón se llena de una belleza que no proviene de los rasgos físicos o de la estatura de esta mujer, sino del resplandor hermoso de la caridad con los pobres y desheredados que la acompaña.

Del mismo modo, hay una hermosura distinta en el trabajador que vuelve a su casa sucio y desarreglado, pero con la alegría de haber ganado el pan de sus hijos. Hay una belleza extraordinaria en la comunión de la familia junto a la mesa y el pan compartido con generosidad, aunque la mesa sea muy pobre. Hay hermosura en la esposa desarreglada y casi anciana, que permanece cuidando a su esposo enfermo más allá de las fuerzas y de la propia salud. Aunque haya pasado la primera del noviazgo en la juventud, hay una hermosura extraordinaria en las parejas que se aman en el otoño de la vida, esos viejitos que caminan tomados de la mano. Hay hermosura, más allá de la apariencia o de la estética de moda, en cada hombre y en cada mujer que viven con amor su vocación personal, en el servicio desinteresado por la comunidad, por la patria, en el trabajo generoso, por la felicidad de la familia... comprometidos en el arduo trabajo anónimo y desinteresado de restaurar la amistad social... Hay belleza en la creación, en la infinita ternura y misericordia de Dios, en la ofrenda de la vida en el servicio por amor. Descubrir, mostrar y resaltar esta belleza es poner los cimientos de una cultura de la solidaridad y de la amistad social» (Homilía, 3° Congreso de Comunicadores, octubre de 2002).

§ «Porque es humana, a veces la belleza es trágica, sorprendente, conmovedora; en algunas oportunidades nos empuja a pensar en lo que no queremos o nos muestra el error en el que estamos. Los artistas saben bien que la belleza no solo es consoladora, sino que puede también ser inquietante. Los grandes genios han sabido presentar con belleza las realidades más trágicas y dolorosas de la condición humana» (Disertación a los comunicadores en ADEPA, abril de 2006).

§ «La dimensión sapiencial es englobante del saber, del sentir y del hacer. Conlleva armónicamente la capacidad de entender, la tensión de poseer el bien, la contemplatividad de lo bello, todo armonizado por la unidad del ser que entiende, ama, admira. La dimensión sapiencial es memoriosa, integradora y creadora de esperanza. Es la que abre la existencia del discípulo y unge al maestro. La sabiduría solo se entiende a la luz de la Palabra de Dios» (Mensaje a las Comunidades Educativas, 28 de marzo de 2001).

§ «La verdad no se la tiene, no se la posee… se la encuentra. Para poder ser aquella que anhela, la deseada, debe dejar de ser aquella que se puede poseer. La verdad se abre, se devela a quien —a su vez— se abre a ella. Verdad, precisamente, en su acepción griega —*aletheia*— tiene que ver con lo que se manifiesta, lo que se desvela, lo que se hace patente por su aparición milagrosa y gratuita. La acepción hebrea, por el contrario, con su vocablo "*emet*", une el sentido de lo verdadero con lo cierto, lo firme, lo que no engaña ni defrauda. La verdad, entonces, tiene ese doble componente, es la manifestación de la esencia de las cosas y las personas, que al abrir su intimidad nos regalan la certeza de su verdad, la confiable evidencia que nos invita a creer en ellas. Esta certidumbre es humilde, porque simplemente "deja ser" al otro en su manifestación, y no lo somete a propias exigencias o imposiciones. Esta es la primera justicia que debemos a los demás y a nosotros mismos, aceptar la verdad de lo que somos, decir la verdad de lo que pensamos. Y, además, es un acto de amor. Nada se construye sobre el silenciamiento o la negación de la verdad» (Mensaje a las Comunidades Educativas, 23 de abril de 2008).

§ «Un hondo desencanto se extiende por doquier respecto de las grandes promesas de la razón: libertad, igualdad, fraternidad… ¿Qué ha quedado de todo ello? Comenzando el siglo XXI, ya no hay una racionalidad, un sentido, sino múltiples sentidos fragmentarios, parciales. La misma búsqueda de la verdad —y la misma idea de "verdad"— se ensombrecen: en todo caso, habrá "verdades" sin pretensiones de validez universal, perspectivas, discursos intercambiables. Un pensamiento que se mueve en lo relativo y lo ambiguo, lo fragmentario y lo múltiple, constituye el talante que tiñe no solo la filosofía y los saberes académicos, sino la misma cultura "de la calle", como habrán constatado todos aquellos que tienen trato con los más jóvenes. El relativismo será, pues, el resultado de la así llamada "política del consenso" cuyo proceder siempre entraña un nivelar-hacia-abajo. Es la época del "pensamiento débil"» (Mensaje a las Comunidades Educativas, 28 de marzo de 2001).

§ «Quien busca y ama la verdad no permite que se la convierta en mercancía y no deja que se la tergiverse o se la oculte. Además, quien realmente se interesa por la verdad está siempre atento a las reacciones de quienes reciben la información, procura el diálogo, el punto de vista diferente. El que busca la verdad es humilde; sabe que es difícil hallarla y sabe también que es más difícil encontrarla cuando una la busca en soledad. La verdad se encuentra con otros. La verdad se anuncia con otros. Así como falsificar la verdad nos aísla, nos separa, nos enfrenta; buscarla nos une, nos acerca, nos aproxima; y encontrarla nos llena de alegría y nos hermana» (Disertación a los comunicadores en ADEPA, abril de 2006).

§ «En una sociedad donde la mentira, el encubrimiento y la hipocresía han hecho perder la confianza básica que permite el vínculo social, ¿qué novedad más revolucionaria que la verdad? Hablar con verdad, decir la verdad» (Mensaje a las Comunidades Educativas, 9 de abril de 2003).

§ «Donde está la verdad está la luz, pero no la confundan con el *flash*. Donde está la verdad hay alegría de adentro, no circo. Es muy fácil armar un circo para reírnos un rato, y después queda la secuela de la mueca. ¡Defiendan la verdad, busquen la verdad, déjense poseer por la verdad que es el camino arduo y aquello que le va a dar sentido a la vida y aquello que los va a plenificar con la alegría y la felicidad! Sabiendo que la verdad no se negocia, no es fácil» (Homilía de la Misa por la Educación, 21 de abril de 2004).

§ «Será maestro quien pueda sostener con su propia vida las palabras dichas. Esta dimensión de alguna manera estética de la transmisión de la verdad —estética y no superficialmente esteticista— transforma al maestro en un icono viviente de la verdad que enseña» (Mensaje a las Comunidades Educativas, 23 de abril de 2008).

§ «Detrás de un pensamiento hipócrita hay un corazón enfermo, hay un corazón esclerótico, un corazón duro que no deja que el Espíritu entre, que no deja que las pautas de la Verdad vayan entrando e inspirando su modo de pensar» (Homilía en el 1° Congreso de Evangelización de la Cultura, 3 de noviembre de 2006).

§ «"Si un miembro sufre, todos sufren con él. Si un miembro es honrado, todos se alegran con él" (*1 Co* 12, 26). Esta es una ley de vida cristiana, y en este sentido podemos decir que existe un ecumenismo del sufrimiento: como la sangre de los mártires ha sido semilla de fuerza y de fertilidad para la Iglesia, así la comunión de los sufrimientos diarios puede convertirse en instrumento eficaz de unidad. Y esto es verdad, en cierto sentido, también en el marco más amplio de la sociedad y de las relaciones entre cristianos y no cristianos: del sufrimiento común, en efecto, pueden brotar, con la ayuda de Dios, perdón, reconciliación y paz» (Discurso a su Santidad Tawadros II, Papa de Alejandría y Patriarca de la Sede de San Marcos, 10 de mayo de 2013).

§ «La unidad en la Iglesia es una gracia, pura gracia, pero una gracia que hay que saberla recibir, deseándola entrañablemente, haciéndole espacio, haciendo cada vez más cóncavo nuestro corazón despojándolo de todo interés mundano» (92 Asamblea Plenaria de la Conferencia Episcopal, noviembre de 2006).

§ «El anonadamiento se hace servicio y, desde allí, se amasa la unidad de la Iglesia, allí puede obrar el Espíritu. Solo desde allí podemos ser receptores y hacedores de unidad... es decir, dejar que el Espíritu Santo haga la unidad y conforme la armonía de la Iglesia. Los Santos Padres decían de Él: *"ipse armonia est"*» (92 Asamblea Plenaria de la Conferencia Episcopal, noviembre de 2006).

§ «En la Iglesia, la armonía la hace el Espíritu Santo (...). Solo Él puede suscitar la diversidad, la pluralidad, la multiplicidad y, al mismo tiempo, realizar la unidad. En cambio, cuando somos nosotros los que pretendemos la diversidad y nos encerramos en nuestros particularismos, en nuestros exclusivismos, provocamos la división; y, cuando somos nosotros los que queremos construir la unidad con nuestros planes humanos, terminamos por imponer la uniformidad, la homologación. Si, por el contrario, nos dejamos guiar por el Espíritu, la riqueza, la variedad, la diversidad nunca provocan conflicto, porque Él nos impulsa a vivir la variedad en la comunión de la Iglesia» (Homilía, Misa con los Movimientos Eclesiales en la Solemnidad de Pentecostés, 19 de mayo de 2013).

§ «Adorar es acercarnos a la unidad, es descubrirnos hijos de un mismo Padre, miembros de una sola familia, es, como lo descubrió san Francisco, cantar las alabanzas unidos a toda la creación y a todos los hombres. Es atar los lazos que hemos roto con nuestra tierra, con nuestros hermanos, es reconocerlo a Él como Señor de todas las cosas, Padre bondadoso del mundo entero.

Adorar es decir "Dios" y decir "vida". Encontrarnos cara a cara en nuestra vida cotidiana con el Dios de la vida es adorarlo con la vida y el testimonio. Es saber que tenemos un Dios fiel que se ha quedado con nosotros y que confía en nosotros.

¡Adorar es decir AMÉN!» (Carta a los catequistas, agosto de 2002).

Capítulo 5
SANTIDAD: LA LUCHA EN EL ESPÍRITU

«Bien considerado, los santos siempre han sido
una piedra en el zapato de sus contemporáneos».

(Homilía, Misa en memoria de Juan Pablo II,
4 de abril de 2005).

§ «Ser cristianos no se reduce solo a cumplir los
mandamientos, es ser de Cristo, pensar, actuar, amar
como Él, dejando que tome posesión de nuestra existencia para que la cambie, la transforme, la libere de
las tinieblas del mal y del pecado» (Audiencia general, 10 de abril de 2013).

§ «La vida cristiana es siempre un caminar en la
presencia de Dios, pero (…) hay modos y modos de
caminar en la presencia de Dios. Uno verdadero es
el de Abraham, irreprochable, en libertad, sin miedo,
porque confiaba en el Señor: Dios era su fuerza y su
seguridad (…). El otro modo, el que a veces hacemos
nosotros, en el que nos decimos peregrinos pero en el
fondo ya hemos elegido el camino, el ritmo, los tiempos…; ni somos discípulos, porque nos seguimos a nosotros mismos; ni somos hermanos, porque hacemos
"la nuestra". Eso sí, ya quizá hemos aprendido el arte
de hacerle creer a los demás, y hasta a veces a nosotros

mismos, que ésa es la voluntad de Dios» (Homilía a los catequistas, marzo de 2007).

§ «Caminar. "Casa de Jacob, venid: caminemos a la luz del Señor" (*Is* 2, 5). Ésta es la primera cosa que Dios ha dicho a Abraham: camina en mi presencia y sé irreprochable. Caminar: nuestra vida es un camino y, cuando nos paramos, algo no funciona. Caminar siempre, en presencia del Señor, a la luz del Señor, intentando vivir con aquella honradez que Dios pedía a Abraham, en su promesa» (Homilía en la Misa de clausura del cónclave con los cardenales electores, 14 de marzo de 2013).

§ «Si hay algo que paraliza la vida es renunciar a seguir caminando para aferrarse a lo ya adquirido, a lo seguro, a lo de siempre. Por ello, el Señor te desinstala. Y lo hace sin anestesia... Como (...) a Abraham, le pide que le entregue a su hijo, sus sueños, sus proyectos... Lo está podando sin explicación, lo está iniciando en la escuela del desprendimiento, para que sea auténticamente libre, plenamente disponible a los proyectos de Dios, con el fin de hacerlo, así, colaborador de la historia grande, la historia de salvación para él y, sobre todo, para el pueblo a él confiado» (Homilía a los catequistas, marzo de 2007).

§ «La *novedad* nos da siempre un poco de miedo, porque nos sentimos más seguros si tenemos todo bajo control, si somos nosotros los que construimos, programamos, planificamos nuestra vida, según nuestros esquemas, seguridades, gustos. Y esto nos sucede también con Dios. Con frecuencia lo seguimos, lo acogemos, pero hasta un cierto punto; nos resulta difícil abandonarnos a Él con total confianza, dejando que el Espíritu Santo anime, guíe nuestra vida, en todas las decisiones; tenemos miedo a que Dios nos lleve por caminos nuevos, nos saque de nuestros horizontes con frecuencia limitados, cerrados, egoístas, para abrirnos a los suyos. Pero, en toda la historia de la salvación, cuando Dios se revela, aparece su novedad —Dios ofrece siempre novedad—, transforma y pide confianza total en Él: Noé, del que todos se ríen, construye un arca y se salva; Abraham abandona su tierra, aferrado únicamente a una promesa; Moisés se enfrenta al poder del faraón y conduce al pueblo a la libertad; los Apóstoles, de temerosos y encerrados en el cenáculo, salen con valentía para anunciar el Evangelio. No es la novedad por la novedad, la búsqueda de lo nuevo para salir del aburrimiento, como sucede con frecuencia en nuestro tiempo. La novedad que Dios trae a nuestra vida es lo que verdaderamente nos realiza, lo que nos da la verdadera alegría, la verdadera serenidad, porque Dios nos ama y siempre quiere nuestro bien. Preguntémonos hoy: ¿Estamos abiertos a las "sorpresas de Dios"? ¿O nos encerramos, con miedo, a la novedad del Espíritu Santo? ¿Estamos decididos a recorrer los caminos nuevos que la novedad de Dios nos presenta o nos atrincheramos en estructuras caducas, que han perdido la capacidad de respuesta?» (Homilía, Misa con los Movimientos Eclesiales en la Solemnidad de Pentecostés, 19 de mayo de 2013).

§ «Anímense a soñar. No se duerman. Los jóvenes dormidos no sirven. Anímense a soñar. Anímense a caminar y entonces sí a jugarse la vida por el Señor» (Locución en la 20 Marcha Juvenil del Corpus Christi, 13 de junio de 2009).

§ «Ser joven es animarse a mirar horizontes, no quedarse encerrado. Ser joven es madurar para la victoria, es decir, aprender a luchar, aprender a trabajar, aprender a mirar al mundo con ojos de grandeza. Ser joven significa tener grandeza» (Homilía, Parroquia de Santa Inés, 21 de enero de 2004).

§ «El entusiasmo, el fervor al cual nos llama el Señor, bien sabemos que no puede ser el resultado de un movimiento de voluntad o un simple cambio de ánimo. Es gracia... renovación interior, transformación profunda que se fundamenta y apoya en una Presencia, que un día nos llamó a seguirlo y que hoy, una vez más, se hace camino con nosotros, para transformar nuestros miedos en ardor, nuestra tristeza en alegría, nuestros encierros en nuevas visitaciones...» (Carta a los Catequistas de la Arquidiócesis, 21 de agosto de 2012).

§ «Si me dejo alcanzar por la gracia de Cristo resucitado, si permito que me cambie en ese aspecto que sé que no es bueno, que puede dañarme a mí y a los demás, entonces permito que la victoria de Cristo se afirme en mi vida, permito que su acción benéfica se alargue. ¡Éste es el poder de la gracia! Sin la gracia no podemos nada. ¡Sin la gracia no podemos nada! Pero con la gracia del bautismo y de la comunión eucarística puedo convertirme en instrumento de la misericordia de Dios, de la bella misericordia de Dios»

(Alocución con motivo del Regina coeli en la Plaza de San Pedro, 1 de abril de 2013).

§ «"Para Dios todo es posible", responde Jesús con claridad y firmeza anunciándonos y comunicándonos así el *Evangelio de la gracia*. No es posible para los hombres vivir la ley santa de Dios en el seguimiento de Cristo sin la gracia, es decir, sin la vida nueva del Espíritu, sin dejarse conducir por el Espíritu (cfr. *Rom* 8, 14).

La vida moral de los hombres de todos los tiempos está llamada a ser "vida según el Espíritu" (cfr. *Rom* 8, 1-12)» (Congreso sobre la Enc. *Veritatis splendor*, disertación de clausura, 25 de septiembre de 2004).

§ *Comentando la petición del buen ladrón...* «En el momento de la tragedia sale lo que hay en el corazón de la persona. Y ahí estaba en la cruz, unos poquitos fieles a Jesús. Otros escondidos por miedos, otros cuidándose las espaldas para no perder posiciones, otros tratando de ver cómo arreglaban políticamente la traición de Judas, otros mirando al futuro sin Jesús. Sale lo que cada uno tenía en el corazón. Ese pobre ladrón que estaba crucificado con Él, le sale lo mejor que tenía en el corazón y le dice: "Señor, acuérdate de mí"» (Homilía, Misa en el primer aniversario de la tragedia de Cromañón, 30 de diciembre de 2005).

§ «"¡Ojalá fueras frío o caliente! Por eso, porque eres tibio, te vomitaré de mi boca" (*Apoc* 3, 25 ss.). Esa tibieza, en ocasiones, se disfraza de mediocridad, de mezquina indiferencia o de aquel "no te metás"

53

o del "yo no fui" que tanto daño ha causado entre nosotros» (Mensaje a las Comunidades Educativas en la Pascua del Señor, 2006).

§ «Una de las cosas más desgastantes que nos puede suceder es caer en las garras del acostumbramiento. Tanto a lo bueno como a lo malo. Cuando el esposo o la esposa se acostumbra al cariño y a la familia, entonces se deja de valorar, de dar gracias y de cuidar delicadamente lo que se tiene. Cuando nos acostumbramos al regalo de la fe, la vida cristiana se hace rutina, repetición, no da sentido a la vida, deja de ser fermento. El acostumbramiento es un freno, un callo que aprisiona el corazón, vamos "tirando" y perdemos la capacidad de "mirar bien" y dar respuesta» (Gesto cuaresmal solidario, 17 de febrero de 2010).

§ «Uno de los peligros más grandes que nos acechan es el "acostumbramiento". Nos vamos acostumbrando tanto a la vida y a todo lo que hay en ella que ya nada nos asombra; ni lo bueno para dar gracias, ni lo malo para entristecernos verdaderamente. Me causó asombro y perplejidad preguntarle a un conocido cómo estaba y que me respondiera: "mal pero acostumbrado" (...).

El acostumbramiento nos anestesia el corazón, no hay capacidad para ese asombro que nos renueva en la esperanza, no hay lugar para el reconocimiento del mal y poder para luchar contra él» (Mensaje para la Cuaresma, 22 de febrero de 2012).

§ «Como en el fútbol: los penales tenés que atajarlos donde te los tiran, no podés elegir dónde te los

van a patear. La vida viene así y la tenés que recibir
así aunque no te guste» (Encuentro archidiocesano
de catequistas, 10 de marzo de 2012).

§ «El dolor no es solamente algo que reclama
ayuda y exige soluciones. El dolor, si se lo vive como
nos enseña Cristo, esconde también una bendición y
hasta una cierta alegría. Alegría dolorosa, ciertamen-
te, pero verdadera» (Homilía en la fiesta de San Cayetano, 7 de agosto de 2001).

§ «La tentación para la Iglesia fue y será siempre la misma: eludir la cruz (cfr. *Mt* 16, 22), negociar
la verdad, atenuar la fuerza redentora de la cruz de
Cristo para evitar la persecución. ¡Pobre la Iglesia ti-
bia que rehúye y evita la cruz!» (Asamblea del Episcopado, abril de 2007).

§ «Cuando caminamos sin la cruz, cuando edi-
ficamos sin la cruz y cuando confesamos un Cristo
sin cruz, no somos discípulos del Señor: somos mun-
danos, somos obispos, sacerdotes, cardenales, papas,
pero no discípulos del Señor» (Homilía en la Misa de
clausura del cónclave con los cardenales electores, 14
de marzo de 2013).

§ «Porque la Iglesia fue y será perseguida. El Señor ya nos lo advirtió (cfr. *Mt* 24, 4-14; *Mc* 13, 9-13;
Lc 21, 12-19) para que estuviésemos preparados (…).
La Iglesia será perseguida en la medida en que man-
tenga su fidelidad al Evangelio (…). La persecución
es un acontecimiento eclesial de fidelidad (…). Las
formas son muchas y variadas pero aquello que siem-

pre provoca la persecución es la locura del Evangelio, el escándalo de la cruz de Cristo, el fermento de las Bienaventuranzas» (Asamblea del Episcopado, abril de 2007).

§ «"¿Por qué buscan entre los muertos al que está vivo?". En medio de todas las circunstancias y los sentimientos de esa mañana la frase marca un hito en la historia, se proyecta hacia la Iglesia de todos los tiempos y señala una decisión entre las personas: los que optan por el sepulcro, los que siguen buscando allí, y los que —como Pedro— abren el corazón a la vida en medio de la Vida. Y cuántas veces, en nuestro andar cotidiano, necesitamos que se nos sacuda y se nos diga: "¿Por qué buscan entre los muertos al que está vivo?". ¡Cuántas veces necesitamos que esta frase nos rescate del ámbito de la desesperanza y de la muerte!

Necesitamos que se nos grite esto cada vez que, recluidos en cualquier forma de egoísmo, pretendemos saciarnos con el agua estancada de la autosatisfacción. Necesitamos que se nos grite esto cuando, seducidos por el poder terrenal que se nos ofrece de los valores humanos y cristianos, nos embriaguemos con el vino de la idolatría de nosotros mismos que solo puede prometernos un futuro sepulcral. Necesitamos que se nos grite esto en los momentos en que ponemos nuestra esperanza en las vanidades mundanas, en el dinero, en la fama y nos vestimos con el fatuo resplandor del orgullo. (…) ¿Cuántas veces tenemos necesidad de que la ternura maternal de María nos susurre, como preparando el camino, esta frase victoriosa y de profunda estrategia cristiana: Hijo,

¡no busques entre los muertos al que está vivo!» (Homilía, Vigilia Pascual, 7 de abril de 2007).

§ «Esta es la primera palabra que quisiera deciros: *alegría*. No seáis nunca hombres y mujeres tristes: un cristiano jamás puede serlo. Nunca os dejéis vencer por el desánimo. Nuestra alegría no es algo que nace de tener tantas cosas, sino de haber encontrado a una persona, Jesús; que está entre nosotros; nace del saber que, con Él, nunca estamos solos, incluso en los momentos difíciles, aun cuando el camino de la vida tropieza con problemas y obstáculos que parecen insuperables, y ¡hay tantos!» (Homilía, Misa de Domingo de Ramos, 24 de marzo de 2013).

§ «En las Bienaventuranzas el Señor nos indica el camino por donde los seres humanos podemos encontrar la felicidad más auténticamente humana y divina. Nos proporciona el espejo donde mirarnos, el que nos deja saber si vamos por el sendero de la serenidad, de paz y de sentido en que podemos disfrutar de nuestra existencia en común. La Bienaventuranza es simple, y, por eso mismo, es un trayecto por más exigente y un espejo que no miente» (Te Deum, 25 de mayo de 2006).

§ «El laico es laico y tiene que vivir como laico con la fuerza del bautismo [...], llevando su cruz cotidiana como la llevamos todos. Y la cruz del laico, no la del cura. La del cura que la lleve el cura, que bastante hombro le dio Dios para eso» (Entrevista concedida a la Agencia Argentina AICA, noviembre de 2011).

§ «No nos es posible ocuparnos de las cosas "del cielo" sin ser inmediatamente reenviados a las "de la tierra"» (Mensaje a las Comunidades Educativas, 27 de abril de 2006).

§ «Los santos. Ellos son los verdaderos reformadores, los que cambian, transforman, llevan adelante y resucitan el camino espiritual» (*Sobre el cielo y la tierra*, ed. Debate, 2013, 214).

§ «La coherencia no se compra, la coherencia no se estudia en ninguna carrera. La coherencia se va labrando en el corazón con la adoración, con la unción al servicio de los demás y con la rectitud de conducta. Sin mentiras, sin engaños, sin doblez [...]. Recordamos a un hombre coherente [Juan Pablo II] que una vez nos dijo que este siglo no necesita de maestros, necesita de testigos, y el coherente es un testigo. Un hombre que pone su carne en el asador y avala con su carne y con su vida entera, con su transparencia, aquello que predica» (Homilía, Misa en memoria de Juan Pablo II, 4 de abril de 2005).

§ «"Recomenzar desde Cristo" es concretamente imitar al Maestro Bueno, al único que tiene Palabra de Vida Eterna y salir una y mil veces a los caminos, en busca de la persona en sus más diversas situaciones.

"Recomenzar desde Cristo" es mirar al Maestro Bueno; al que supo diferenciarse de los rabinos de su tiempo porque su enseñanza y su ministerio no quedaban localizados en la explanada del templo, sino que fue capaz de "hacerse camino", porque salió al encuentro de la vida de su pueblo para hacerlos partícipes de las primicias de su Reino (cfr. *Lc* 9, 57-62).

"Recomenzar desde Cristo" es cuidar la oración en medio de una cultura agresivamente pagana, para que el alma no se arrugue, el corazón no pierda su calor y la acción no se deje invadir por la pusilanimidad.

"Recomenzar desde Cristo" es sentirse interpelados por su palabra, por su envío y no ceder en la tentación minimalista de contentarse con solo conservar la fe, y darse por satisfecho de que alguno siga viniendo a la catequesis.

"Recomenzar desde Cristo" entraña emprender continuamente la peregrinación hacia la periferia. Como Abraham, modelo del peregrino incansable, lleno de libertad, sin miedo, porque confiaba en el Señor. Él era su fuerza y su seguridad, por eso supo no detenerse en su caminar, porque lo hacía en la presencia del Señor» (Carta a los catequistas, 21 de agosto de 2007).

Capítulo 6
YO SOY EL PAN VIVO

«Acuérdate que el Pan del Cielo es un pan vivo,
que te habla de siembra y de cosecha,
porque es pan de una vida que tiene que morir para alimentar».

(Homilía, Misa del Corpus Christi 2002).

§ «Si no hay encuentro con Jesús la vida se nos vuelve inconsistente, va perdiendo sentido. El Señor tiene dispuesta una Eucaristía —un encuentro— cada día, para nosotros, para nuestra familia, para la Iglesia entera. Y nuestro corazón tiene que aprender a adherirse a esta Eucaristía cotidiana —sintetizada en la Misa dominical— de modo tal que cada día quede "salvado", bendecido, convertido en ofrenda agradable, puesto en manos del Padre, como Jesús con su carga de amor y de cruz» (Homilía, Misa del Corpus Christi 2006).

§ *Comentando la multiplicación de los panes y de los peces...* «Esta tarde nosotros somos esa muchedumbre del Evangelio que seguimos a Jesús para escucharle, para entrar en comunión con Él en la Eucaristía, para acompañarle y que nos acompañe. Preguntémonos: ¿cómo sigo a Jesús? Jesús habla en silencio en el Misterio de la Eucaristía y, cada vez, nos recuerda que seguirle significa salir de nosotros mismos y convertir nuestra vida en don a Él y a los demás» (Homilía, Misa en la Solemnidad del Corpus Christi, San Juan de Letrán, 30 de mayo de 2013).

§ «La Eucaristía es el sacramento de la comunión, que nos hace salir del individualismo para vivir juntos el seguimiento, la fe en Él» (Homilía, Misa en la Solemnidad del Corpus Christi, San Juan de Letrán, 30 de mayo de 2013).

§ «En la Eucaristía el Señor nos hace recorrer su mismo camino, el del servicio, el del reparto, el del don, y lo poco que tenemos, lo poco que somos, si lo repartimos, se transforma en riqueza, porque la potencia de Dios, que es la del amor, desciende sobre nuestra pobreza para transformarla» (Homilía, Misa en la Solemnidad del Corpus Christi, San Juan de Letrán, 30 de mayo de 2013).

§ «Es tan fácil caer en la trampa, es tan fácil ser cristiano sin esperanza: soy cristiano, voy a misa los domingos, pero... ¿crees que Jesús está vivo en medio de ti? ¿En medio de tu familia? ¿En tu vida? ¿Caminarás junto al Señor vivo?» (Homilía, Vigilia Pascual, 3 de abril de 2010).

§ «El camino que lleva a la Eucaristía comenzó aquel día con una pregunta: "¿Dónde quieres que vayamos a prepararte la comida pascual?" (*Mt* 26, 17). Los discípulos le preguntan al Señor y Él los envía por la ciudad siguiendo al hombre del cántaro que encontrarán como por casualidad. Es un camino que parece incierto y, sin embargo, es seguro. El Señor los envía a seguir a un desconocido entre la multitud de la gran ciudad... pero tiene todo previsto y planeado. El Maestro sabe hasta el último detalle cómo está arreglado ese piso alto de la hospedería en la que va a entregarse como Pan para la vida del mundo.

Ellos partieron, obedientes en la fe. Quizá cruzando alguna mirada de complicidad al iniciar esta especie de juego de búsqueda del tesoro que les hace el Señor. El Evangelio nos dice que "encontraron todo como Jesús había dicho". El Señor tenía estas cosas de hacer recorrer un camino incierto para el enviado pero ya previsto por Él, de manera que al final se juntaran la experiencia obediencial del discípulo con la sabiduría del Maestro. Lo hizo con Pedro, cuando lo mandó a pescar un pez y sacar de su vientre la moneda para pagar el impuesto. Lo hizo con los discípulos al ordenarles tirad la red a la derecha o contra cuántos panes y peces tenían en la mano... "Lo hacía para probarlos porque Él sabía ya lo que iba a hacer", nos dice san Juan (*Jn* 6, 6)» (Homilía, Misa del Corpus Christi 2006).

§ «Allí en el desierto, en el preciso momento en el que el pueblo no puede encontrar nada, salvo sus límites, el Señor les regala un alimento especial: el maná, figura y adelanto de la Eucaristía. Ese pancito del cielo tiene sus características peculiares: solo dura por el día; hay que compartirlo con los demás, porque si sobra ya no sirve; cada uno junta solamente lo que necesita para su familia. El maná le enseña al Pueblo a vivir "del pan nuestro de cada día"» (Homilía, Misa del Corpus Christi 2002).

§ «Acuérdate que el Pan del Cielo es un pan para cada día porque tu futuro está en las manos del Padre Bueno y no solamente en la de los hombres. Acuérdate que el Pan del Cielo es un pan solidario que no sirve para ser acaparado, sino para ser compartido y celebrado en familia» (Homilía, Misa del Corpus Christi 2002).

§ «Acuérdate que el Pan del Cielo es un pan de vida eterna y no pan perecedero. Acuérdate que el Pan del Cielo se parte para que abras los ojos de la fe y no seas incrédulo» (Homilía, Misa del Corpus Christi 2002).

§ «"Frágil" es "lo que con facilidad se hace pedazos". Y la imagen evangélica que contemplamos es la del Señor que "se hace pedacitos"... de pan y se entrega. En el pan partido —frágil— se esconde el secreto de la vida (...). En cambio, en Jesús, este fragmentarse bajo forma de pan tierno es su gesto más vital, más unificante: para darse entero tiene que partirse! En la Eucaristía, la fragilidad es fortaleza. Fortaleza del amor que se hace débil para poder ser recibido. Fortaleza del amor que se parte para alimentar y dar vida. Fortaleza del amor que se fragmenta para compartirse solidariamente. ¡Jesús partiendo el pan con sus manos! ¡Jesús dándose en la Eucaristía! (...). El gesto de Jesús de partir el pan —frágil y tierno— se convirtió en la señal para reconocer al resucitado: "Lo reconocieron al partir el pan". También para nosotros éste es el signo para creer en Jesús resucitado.

"Este es el sacramento de nuestra fe", decimos después de la consagración y mostramos la fragilidad del pan, Cuerpo de Cristo, partido y separado de la Sangre del Señor que contiene el cáliz. Éste es el signo para que creamos que el Señor se dio por nosotros» (Homilía, Misa del Corpus Christi 2003).

§ «Bendecir se compone de dos palabras: "bien" y "decir", decir bien a otro. La bendición es tanto Palabra como Don. Es decir "bien" dando de verdad; las dos cosas juntas. La bendición no es "palabras lindas". Es una palabra que se dice con amor, a veces imponiendo las manos sobre la cabeza, signando la frente con la cruz, dando un bien. La bendición transforma las cosas y nos abre los ojos al sentido profundo que tienen: cuando uno bendice el pan se da cuenta de que no es solo un producto de consumo, es el fruto del trabajo que se comparte con cariño de familia, tanto en la mesa de la cocina o en el comedor, como en la mesa del altar cuando se convierte en el Cuerpo del Cristo» (Homilía, Misa del Corpus Christi 2007).

§ «Jesús le dio mucha importancia a esto de preparar. Es una de las tareas que se reserva para sí en el Cielo: "Voy a preparar un lugar para ustedes. Y, si me voy y les preparo lugar, vendré otra vez y los tomaré conmigo, para que donde yo esté, estén también ustedes" (*Juan* 14, 4 ss.). En esta dinámica de "estar preparándonos un lugar en el Cielo", la Eucaristía es ya un anticipo de ese lugar, una prenda de la Gloria futura: cada vez que nos reunimos para comer el Cuerpo de Cristo, el lugar en el que celebramos se convierte por un rato en nuestro lugar en el cielo, Él nos toma consigo y estamos con Él. Todo lugar en el que se celebra la Eucaristía —sea una Basílica, una humilde capillita o una catacumba— es anticipo de nuestro lugar definitivo, anticipo del Cielo que es la comunión plena de todos los redimidos con el Padre y el Hijo y el Espíritu Santo» (Homilía, Misa del Corpus Christi 2012).

§ «Pensar nuestra vida como una Misa prolongada en la que llevamos el fruto de la presencia del Señor al mundo de la familia, del barrio, del estudio y del trabajo, así también nos hace bien pensar nuestra vida cotidiana como preparación para la Eucaristía, en la que el Señor toma todo lo nuestro y lo ofrece al Padre» (Homilía, Misa del Corpus Christi 2012).

§ «De ahí que la Eucaristía, aunque a veces la dejemos de lado por un tiempo, renace siempre en los momentos importantes de nuestra vida. El Señor nos acompaña por el camino, aun sin darnos cuenta, y siempre hay un momento en el que, al partir el pan, se nos abren los ojos y recuperamos la memoria de su Amor. Eso es celebrar la Eucaristía: ¡recuperar la memoria de su Amor!» (Homilía, Misa del Corpus Christi 2009).

§ «La memoria, esa facultad tan linda que Dios nos ha regalado, nos permite permanecer en el amor, traer cerca a los que amamos, re-cordar, es decir, sentirnos en comunión con ellos en nuestro corazón. A la Eucaristía la llamamos "el Memorial de la pasión y resurrección del Señor"; la memoria se fija en los gestos (estamos hablando de una memoria amorosa, no de cosas abstractas), y el acto supremo del amor de Jesús, su entrega, quedó fijado para siempre en la memoria de nuestro corazón. En el gesto de partir el pan nos acordamos de la cruz y, en el gesto de compartirlo y comulgar, nos acordamos de su resurrección. Al saborear el pan de la Eucaristía el Espíritu Santo nos hace recordar todas las Palabras y gestos de Jesús, que son fuente de vida, fuente de amor» (Homilía, Misa del Corpus Christi 2008).

§ «Él quiere comulgar con nuestra vida, tiene sed de todo lo nuestro, de todo lo humano, especialmente de nuestros pecados para perdonarlos. Él tiene hambre de todo lo que nos pasa, hambre de nuestro amor. El Señor se hace Eucaristía porque quiere entrar en comunión con nosotros. Comunión de amor. Comunión de amistad» (Homilía, Misa del Corpus Christi 2009).

§ «El Señor se hace presente en estos caminos de la desilusión y conforta a los desanimados. El ángel le dice a Elías: "Levántate y come. Porque te queda un camino largo todavía". Jesús se acerca a los discípulos de Emaús y como compañero de ruta los va consolando. Los "retos" de Jesús están llenos de un cariño y una comprensión que los hace reaccionar: "¿acaso no ardía nuestro corazón mientras nos explicaba las Escrituras por el camino?".

Pero la clave del fortalecimiento de estas personas desilusionadas está en el pan. El Señor los alimenta con el pan de los caminantes. Ese pan que es viático, pan para el camino, pan que renueva las fuerzas y las esperanzas» (Homilía en la fiesta de San Cayetano, 7 de agosto de 2004).

§ «El Señor nos regala un pan que nos pone de nuevo en camino con fuerzas renovadas y nos envía de nuevo al trabajo, a la familia, a la patria: te queda mucho por recorrer. ¡Hay tanto por hacer! Y con el Señor como alimento no le tememos a nada. No hay desaliento ni obstáculo que este pan no transforme en vida y en ganas de luchar y caminar» (Homilía en la fiesta de San Cayetano, 7 de agosto de 2004).

§ «Acuérdate que el Pan del Cielo te hace compañero de Jesús y te sienta a la mesa del Padre de la que no está excluido ninguno de tus hermanos. Acuérdate que el Pan del Cielo, para que lo pudieras comer, se partió en la Cruz y se repartió generosamente para salvación de todos. Acuérdate que el Pan del Cielo se multiplica cuando te ocupas de repartirlo. Acuérdate que el Pan del Cielo te lo bendice, te lo parte con sus manos llegadas por amor y te lo sirve el mismo Señor resucitado. ¡Acuérdate! ¡Acuérdate! ¡No lo olvides nunca!» (Homilía, Misa del Corpus Christi 2002).

§ «¡Qué curioso! La fragmentación es el peligro que advertimos como el más grande para nuestra vida social y también para nuestra vida interior. En cambio, en Jesús, este fragmentarse bajo la forma de pan tierno es su gesto más vital, más unificante: ¡para darse entero tiene que partirse! En la Eucaristía, la fragilidad es fortaleza. Fortaleza del amor que se hace débil para poder ser recibido. Fortaleza del amor que se parte para alimentar y dar vida. Fortaleza del amor que se fragmenta para compartirse solidariamente. ¡Jesús partiendo el pan con sus manos! ¡Jesús dándose en la Eucaristía!» (Homilía, Misa del Corpus Christi 2003).

Capítulo 7
AMARÁS AL PRÓJIMO COMO A TI MISMO

«Estamos llamados a una vocación:
construir la dicha, unos por los otros,
es lo que nos llevaremos de este mundo».
(Te Deum, 25 de mayo de 2006).

§ «Amar al prójimo haciéndose prójimo es lo que nos constituye en seres humanos, en personas. Reconocer al otro como prójimo no me "aporta" nada particular: me constituye esencialmente como persona humana; y, entonces, es la base sobre la cual puede constituirse una comunidad humana y no una horda de fieras» (Mensaje a las Comunidades Educativas en la Pascua del Señor, 2006).

§ «Quien no tiene su corazón abierto al hermano de cualquier raza, de cualquier nación, no cumple con su deber, y su vida termina siendo como un pagaré impago y es muy triste terminar la vida sin haber honrado la deuda existencial que todos tenemos como personas» (Homilía, Día del emigrante, 7 de septiembre de 2008).

§ «En la Iglesia naciente fue necesario inmediatamente discernir lo que era esencial para ser cristianos, para seguir a Cristo, y lo que no lo era. Los Apóstoles y los ancianos tuvieron una reunión importante en Jerusalén, un primer "concilio" sobre este tema, a causa de los problemas que habían surgido después de que el Evangelio hubiera sido predicado a los gentiles, a los no judíos. Fue una ocasión providencial para comprender mejor qué es lo esencial, es decir, creer en Jesucristo, muerto y resucitado por nuestros pecados, y amarse unos a otros como Él nos ha amado» (Homilía, 5 de mayo de 2013).

§ «El amor que propone Jesús es gratuito e ilimitado y por ello muchos lo consideran, a Él y su enseñanza, un delirio, una locura y prefieren conformarse con la mediocridad ambigua... sin críticas ni desafíos. Y esos mismos predicadores de la mediocridad cultural y social reclaman, cuando sus intereses se ven afectados, actitudes éticas por parte de los demás y de las autoridades. Pero ¿en qué se puede fundar una ética sino en el interés que "el otro" y "los otros" me despiertan desde el amor como convicción y actitud fundamental?, es decir, desde esta "locura" que Jesús propone» (Te Deum, 25 de mayo de 2012).

§ «A medida que uno camina, que sale de sí hacia los demás, se le abren los ojos y su corazón se reconecta con las maravillas de Dios» (Homilía, Misa del Corpus Christi 2008).

§ «Cuántos problemas se nos ahorrarían en la vida si aprendemos a escuchar, si aprendemos a escucharnos. Porque escuchar a otro es detenerme un poquito en su vida, en su corazón y no pasar de lado como si no me interesase. Y la vida nos va acostumbrando a pasar de largo, a no interesarnos en la vida del otro, en lo que el otro me quiere decir o a contestarle antes de que termine de hablar. Si en los ambientes en que vivimos aprendiéramos a escuchar... cómo cambiarían las cosas, cómo cambiarían las cosas en la familia si marido, mujer, padres, hijos, hermanos aprendieran a escucharse... pero enseguida tendemos a contestar antes de saber qué me quiere decir el otro. ¿Tenemos miedo a escuchar? (Homilía, 34 peregrinación juvenil al Santuario de Luján, 5 de octubre de 2008).

§ «¿Qué es lo que nos impide escuchar? Es querer imponer lo que yo siento, lo que yo creo, lo que yo quiero. Es querer como... dominar a otro o prescindir del otro o, simplemente, estar tan centrado en uno mismo que no me interesa el otro, y entonces vamos como borrando al otro de mi panorama y el mundo termina en nuestra piel. No dejamos entrar a otro» (Peregrinación a Luján, 5 de octubre de 2008).

§ «Tomás no se fía de lo que dicen los otros Apóstoles: "Hemos visto el Señor"; no le basta la promesa de Jesús, que había anunciado: al tercer día resucitaré. Quiere ver, quiere meter su mano en la señal de los clavos y del costado. ¿Cuál es la reacción de Jesús? La *paciencia:* Jesús no abandona al terco Tomás en su incredulidad; le da una semana de tiempo, no le cierra la puerta, espera. Y Tomás reconoce su propia pobreza, la poca fe: "Señor mío y Dios mío": con esta invocación simple, pero llena de fe, responde a la paciencia de Jesús» (Homilía en San Juan de Letrán, 7 de abril de 2013).

§ *Comentando cómo Jesús acompaña en su des-esperanza a los de Emaús...* «Éste es el estilo de Dios: no es impaciente como nosotros, que frecuente-mente queremos todo y enseguida, también con las personas. Dios es paciente con nosotros porque nos ama, y quien ama comprende, espera, da confianza, no abandona, no corta los puentes, sabe perdonar. Recordémoslo en nuestra vida de cristianos: Dios nos espera siempre, aun cuando nos hayamos alejado. Él no está nunca lejos y, si volvemos a Él, está preparado para abrazarnos» (Homilía en San Juan de Letrán, 7 de abril de 2013).

§ «Un gran teólogo alemán, Romano Guardini, decía que Dios responde a nuestra debilidad con su paciencia y éste es el motivo de nuestra confianza, de nuestra esperanza (cfr. *Glaubenserkenntnis*, Würz-burg 1949, 28). Es como un diálogo entre nuestra de-bilidad y la paciencia de Dios, es un diálogo que, si lo hacemos, nos da esperanza» (Homilía en San Juan de Letrán, 7 de abril de 2013).

§ «Bienaventurados los pacientes! Nosotros que somos impacientes, nerviosos... que por cualquier cosa nos quejamos... Cuántas veces andamos a los gritos... Bajemos el tono hacia la paciencia; nos im-pacientamos, cualquier cosa nos hace explotar, las exigencias... Miremos a esas mujeres que son ma-dres, madrazas, buenas madres y miremos la pacien-cia que tienen para con sus hijos; cómo los van acom-pañando a lo largo de la vida. La paciencia frente al dolor... El que se pone nervioso por cualquier cosa termina con los cables pelados, ¿o no? Entonces no hay que ponerse nervioso. Además, el que está exigiendo, imponiéndose a los gritos o con nervios o con autoridad en el fondo se la creyó, que es el patrón del mundo y no es así; somos todos hijos de Dios» (Homilía en las fiestas patronales de San Pantaleón, 27 de julio de 2012).

§ «El buen samaritano se pone el prójimo al hombro porque solo así puede considerarse él mismo un "prójimo", un alguien, un ser humano, un hijo de Dios. Fíjense cómo Jesús invierte el razonamiento: no se trata de reconocer al otro como semejante, sino de reconocernos a nosotros como capaces de ser semejantes» (Mensaje a las Comunidades Educativas en la Pascua del Señor, 2006).

§ «Hoy más que nunca se hace necesario adorar para hacer posible la "projimidad" que reclaman estos tiempos de crisis. Solo en la contemplación del misterio de Amor que vence distancias y se hace cercanía encontraremos la fuerza para no caer en la tentación de seguir de largo, sin detenernos en el camino» (Homilía, Encuentro Archidiocesano de Catequesis, marzo de 2001).

§ «Solo aquel que se reconoce vulnerable es capaz de una acción solidaria. Pues conmoverse ("moverse-con"), compadecerse ("padecer-con") de quien está caído al borde del camino son actitudes de quien sabe reconocer en el otro su propia imagen, mezcla de tierra y de tesoro, y por eso no la rechaza. Al contrario, la ama, se acerca a ella y, sin buscarlo, descubre que las heridas que cura en el hermano son ungüento para las propias. La compasión se convierte en comunión, en puente que acerca y estrecha lazos. Ni los salteadores ni quienes siguen de largo ante el caído, tienen conciencia de su tesoro ni de su barro. Por eso, los primeros no valoran la vida del otro y se atreven a dejarlo casi muerto. Si no valoran la propia, ¿cómo podrán reconocer como un tesoro la vida de los demás? Los que siguen de largo, a su vez, valoran su vida pero parcialmente, se atreven a mirar solo una parte, la que ellos creen valiosa: se saben elegidos y amados por Dios (llamativamente en la parábola son dos personajes religiosos en tiempos de Jesús: un levita y un sacerdote) pero no se atreven a reconocerse arcilla, barro frágil. Por eso el caído les da miedo y no saben reconocerlo, ¿cómo podrán reconocer el barro de los demás si no aceptan el propio?» (Carta a los catequistas, agosto de 2003).

§ «La ternura del buen samaritano no fue ningún sentimentalismo pasajero. Todo lo contrario; el sentir compasión hizo que el samaritano tuviera el coraje y la fortaleza para socorrer al herido. Los flojos fueron los otros, los que —por endurecer su corazón— pasaron de largo y no hicieron nada por su prójimo.

Esa ternura y compasión hizo que el samaritano sintiera que era injusto dejar a un hermano así tirado. La ternura le hizo sentirse solidario con la suerte de ese pobre viajero que podría haber sido él mismo, le hizo brotar la esperanza de que todavía hubiera vida en ese cuerpo exangüe y le dio valor para ponerse a ayudarlo. Sentimiento de justicia, de solidaridad y de esperanza. Esos son los sentimientos del buen samaritano» (Homilía en la fiesta de San Cayetano, 7 de agosto de 2000).

§ «Quisiera pedirles que por un instante me acompañen en un pequeño ejercicio de la imaginación. No será difícil: vamos a apelar a experiencias y sentimientos que todos, alguna vez, hemos tenido.

Imaginemos que somos una persona que nació y vivió en uno de los pueblitos del norte de nuestro país. Pero no de esos pueblos visitados por el turismo, donde pasan micros y se ve la televisión. Alguien de esos caseríos que no aparecen en ningún mapa, por los cuales no pasa ninguna ruta, a donde rara vez llega un vehículo... Un lugar que no podemos llamar "olvidado" porque en realidad nunca estuvo en la conciencia o la memoria de nadie, salvo de sus poquitos habitantes. Sin duda quedan lugares así en nuestro país, más de los que creemos.

Somos una persona de ese lugar. Y un día, no importa ahora cómo o por qué, llegamos a la gran ciudad. A Buenos Aires. Sin direcciones de nadie, sin un objetivo determinado. Hagamos un esfuerzo de la imaginación, pero implicando el corazón. Más allá de los detalles que podría registrar un dibujo animado (las dificultades para cruzar una avenida, el asombro ante los grandes edificios y carteles luminosos de la 9 de Julio, el miedo al subte), pongamos en foco, ante todo, la soledad inmensa en medio de la multitud, la incomunicación, el no saber ni siquiera qué preguntar, dónde buscar ayuda o qué ayuda buscar. El aislamiento. Imaginemos, sintamos físicamente el dolor de los pies luego de horas de caminar por la gran ciudad. No sabemos dónde descansar. Cae la noche. En un banco de una plaza céntrica, nos asustaron unos muchachos con sus burlas, y supimos que al menor descuido se quedarían con nuestro bolso, lo único que trajimos. El aislamiento se convierte en angustia, la inseguridad, en franco miedo. Hace frío, hace un rato lloviznó y tenemos los pies húmedos. Y delante nuestro, la larga noche.

Una sola pregunta querría brotar de esa garganta amordazada por el nudo de la soledad y el temor: ¿no habrá algún corazón hospitalario que me abra una puerta, me ofrezca algo caliente y me permita descansar, me sostenga y me dé ánimos para decidir mi rumbo?» (Mensaje a las Comunidades Educativas, 28 de marzo de 2001).

§ *Y siguiendo con la parábola...* «Ya no hay distinción entre habitante de Judea y habitante de Samaria, no hay sacerdote ni comerciante; simplemente están dos tipos de hombre: los que se hacen cargo del dolor y los que pasan de largo, los que se inclinan reconociéndose en el caído, y los que distraen su mirada y aceleran el paso» (Te Deum, 25 mayo 2003).

§ «El samaritano del camino se fue sin esperar reconocimientos ni gratitudes. La entrega al servicio era la satisfacción frente a su Dios y su vida, y, por eso, un deber» (Te Deum, 25 mayo 2003).

§ «Porque amar es muchísimo más que sentir de vez en cuando una ternura o una emoción. ¡Es todo un desafío a la creatividad! Una vez más, se tratará de invertir el razonamiento habitual. Primero, se trata de hacerse prójimo, de decirnos a nosotros mismos que el otro es siempre digno de nuestro amor. Y después habrá que ver cómo, por qué caminos, con qué energías. Encontrar la forma (distinta cada vez, seguramente) de buscarle la vuelta a los defectos, limitaciones y hasta maldades del otro (...), para poder desarrollar un amor que sea, en concreto, aceptación, reconocimiento, promoción, servicio y don» (Mensaje a las Comunidades Educativas en la Pascua del Señor, 2006).

§ «La pobreza como superación de todo egoísmo en la lógica del Evangelio, que enseña a confiar en la Providencia de Dios. Pobreza como indicación a toda la Iglesia que no somos nosotros quienes construimos el reino de Dios, no son los medios humanos los que lo hacen crecer, sino que es ante todo la potencia, la gracia del Señor, que obra a través de nuestra debilidad. "Te basta mi gracia: la fuerza se realiza en la debilidad", afirma el apóstol de los gentiles (*2 Co* 12, 9). Pobreza que enseña la solidaridad, el compartir y la caridad, y que se expresa también en una sobriedad y alegría de lo esencial, para alertar sobre los ídolos materiales que ofuscan el sentido auténtico de la vida. Pobreza que se aprende con los humildes, los pobres, los enfermos y todos aquellos que están en las periferias existenciales de la vida. La pobreza teórica no nos sirve. La pobreza se aprende tocando la carne de Cristo pobre, en los humildes, en los pobres, en los enfermos, en los niños» (Discurso a las religiosas participantes en la Asamblea Plenaria de la Unión Internacional de Superioras generales, 8 de mayo de 2013).

§ *Con esa parábola Jesús explica a los suyos que las acciones que hagan por los demás a Él mismo se las hacen... y por eso serán «bienaventurados», «benditos»...* «Quisiera llamar la atención sobre un detalle del texto: los que habían sido declarados "benditos" por haberlo alojado, vestido o visitado, no sabían que habían hecho tales cosas. Es decir, la conciencia directa de haber "tocado" a Cristo en el hermano, de haber sido realmente prójimo del señor herido al costado del camino, no se da más que a *posteriori*, cuando "todo se ha cumplido". ¡Nunca sabemos del todo cuándo estamos alcanzando realmente a las personas con nuestras acciones! No lo sabemos, desgraciada o felizmente, hasta que esas acciones han producido sus efectos» (Mensaje a las Comunidades Educativas en la Pascua del Señor, 2006).

Capítulo 8
EL PODER ES SERVICIO

«El poder es servicio.
El poder solo tiene sentido
si está al servicio del bien común».

(Te Deum, 25 de mayo de 2001).

§ «Para el gozo egoísta de la vida no es necesario tener mucho poder. A esta luz comprendemos que una sociedad auténticamente humana, y por tanto también política, no lo será desde el minimalismo que afirma "convivir para sobrevivir" ni tampoco desde un mero "consenso de intereses diversos" con fines economicistas. Aunque todo esté contemplado y tenga su lugar en la siempre ambigua realidad de los hombres, la sociedad será auténtica solo desde lo alto..., desde lo mejor de sí, desde la entrega desinteresada de los unos por los otros. Cuando emprendemos el camino del servicio renace en nosotros la confianza, se enciende el deseo de heroísmo, se descubre la propia grandeza» (Te Deum, 25 de mayo de 2001).

§ «La educación es un hecho espiritual-personal. Es decir, hablamos de encuentro educativo. Prefiero definir al educador como persona de encuentro, y esto en sus dos dimensiones: el que "extrae algo de dentro…", y el ser persona de autoridad, en el sentido etimológico de la palabra: "el que nutre y hace crecer" (*Autoritas*, de *augere*)» (Curso de Rectores, febrero de 2006).

§ «La escena de Jesús, el Maestro, lavando los pies a sus discípulos es una de las escenas del Evangelio que uno no se cansa de mirar y recordar. El lavatorio de los pies ha quedado grabado en la memoria de la Iglesia y cada Jueves Santo repetimos el gesto de Jesús y nos toca de nuevo el corazón: Nuestro Señor Jesucristo nos lavó los pies y nos enseñó que si lo imitamos seremos felices: "Si saborean esta verdad —que el poder es servicio— y la practican, serán felices"» (Homilía en la fiesta de San Cayetano, 7 de agosto de 2005).

§ «Lavar los pies es: "yo estoy a tu servicio". Y también nosotros, entre nosotros, no es que debamos lavarnos los pies todos los días los unos a los otros, pero entonces, ¿qué significa? Que debemos ayudarnos, los unos a los otros. A veces estoy enfadado con uno, o con una… pero… olvídalo, olvídalo, y, si te pide un favor, hazlo. Ayudarse unos a otros: esto es lo que Jesús nos enseña y esto es lo que yo hago, y lo hago de corazón, porque es mi deber. Como sacerdote y como obispo debo estar a vuestro servicio. Pero es un deber que viene del corazón: lo amo. Amo esto y amo hacerlo porque el Señor así me lo ha enseñado. Pero también vosotros, ayudadnos: ayudadnos siempre. Los unos a los otros. Y así, ayudándonos, nos haremos bien» (Homilía, Misa del 28 de marzo de 2013).

§ *Comentando el gesto de Pilato lavándose...* «Si hubiera sabido que tenía delante al Todopoderoso y que el Todopoderoso había usado su poder para lavarles los pies a sus discípulos, ¡nunca se hubiera lavado las manos! Con ese gesto entró para siempre en la historia del ridículo. Y cada vez que los que tenemos algún poder nos lavamos las manos y le echamos la culpa a otros —a los hijos, a los padres, al vecino, a los anteriores, a la situación mundial, a la realidad, a las estructuras o a lo que fuere— aunque sea del sufrimiento más pequeño de nuestros hermanos, nos ponemos del lado de Pilato: vamos a engrosar la fila patética de los que usaron el poder para su propio provecho y fama» (Homilía en la fiesta de San Cayetano, 7 de agosto de 2005).

§ «El sacerdote que sale poco de sí, que unge poco —no digo "nada" porque, gracias a Dios, la gente nos roba la unción— se pierde lo mejor de nuestro pueblo, eso que es capaz de activar lo más hondo de su corazón presbiteral. El que no sale de sí, en vez de mediador, se va convirtiendo poco a poco en intermediario, en gestor. Todos conocemos la diferencia: el intermediario y el gestor "ya tienen su paga", y, puesto que no ponen en juego la propia piel ni el corazón, tampoco reciben un agradecimiento afectuoso que nace del corazón. De aquí proviene precisamente la insatisfacción de algunos, que terminan tristes, sacerdotes tristes, y convertidos en una especie de coleccionistas de antigüedades o bien de novedades, en vez de ser pastores con "olor a oveja" —esto os pido: sed pastores con "olor a oveja", que eso se note—; en vez de ser pastores en medio del propio rebaño, y pescadores de hombres. Es verdad que la así llamada crisis de identidad sacerdotal nos amenaza a todos y se suma a una crisis de civilización; pero, si sabemos barrenar su ola, podremos meternos mar adentro en nombre del Señor y echar las redes. Es bueno que la realidad misma nos lleve a ir allí donde lo que somos por gracia se muestra claramente como pura gracia, en ese mar del mundo actual donde solo vale la unción —y no la función— y resultan fecundas las redes echadas únicamente en el nombre de Aquél de quien nos hemos fiado: Jesús» (Homilía, Misa Jueves Santo, 28 de marzo de 2013).

§ «También nosotros, queridos hermanos en el sacerdocio, somos ungidos para ungir. Ungidos, es decir, unidos hasta la médula de nuestros huesos con Jesús y con el Padre. Al igual que el bautismo la unción sacerdotal actúa de dentro hacia fuera. Al revés de lo que parece, el sacerdocio no es una gracia que viene del exterior y que nunca termina de entrar en lo profundo de nuestro corazón pecador. Somos sacerdotes en lo más íntimo, sagrado y misterioso de nuestro corazón, allí mismo donde somos hijos por el bautismo y morada de la Trinidad. Nuestro esfuerzo moral consiste en ungir, con esa unción profundísima, nuestros gestos cotidianos y más externos, de manera que toda nuestra vida se convierta, por nuestra colaboración, en lo que ya somos por gracia» (Homilía, Misa Crismal 2002).

§ «Si no confesamos a Jesucristo, algo no funciona. Acabaremos siendo una ONG asistencial, pero no la Iglesia, Esposa del Señor» (Homilía en la Misa de clausura del cónclave con los cardenales electores, 14 de marzo de 2013).

§ «En el Evangelio, Jesús pide a Pedro por tres veces que apaciente su grey y que la apaciente con su amor, y le anuncia: "Cuando seas viejo, extenderás las manos, otro te ceñirá y te llevará adonde no quieras" (*Jn* 21, 18). Esta es una palabra dirigida a nosotros, los Pastores: no se puede apacentar el rebaño de Dios si no se acepta ser llevados por la voluntad de Dios incluso donde no queremos, si no hay disponibilidad para dar testimonio de Cristo con la entrega de nosotros mismos, sin reservas, sin cálculos, a veces a costa incluso de nuestra vida. Pero esto vale para todos: el Evangelio ha de ser anunciado y testimoniado. Cada uno debería preguntarse: ¿Cómo doy yo testimonio de Cristo con mi fe? ¿Tengo el valor de Pedro y los otros Apóstoles de pensar, decidir y vivir como cristiano, obedeciendo a Dios?» (Homilía, Misa del 14 de abril de 2013).

§ *Comentando la frase del Evangelio «el Padre lo había puesto todo en sus manos», en las de Cristo...* «Y, ¿qué hizo con ese poder absoluto? Lo concentró en un solo gesto, en un gesto de servicio: el servicio del perdón hasta en los detalles. Y desde entonces el poder se convirtió para siempre en servicio. Si el más poderoso usó todo su poder para servir y perdonar, el que lo usa para otra cosa termina haciendo el ridículo» (Homilía en la fiesta de San Cayetano, 7 de agosto de 2005).

§ «La primera dimensión de quien conduce, del servicio de la autoridad, es cuidar que no se pierda nada, cuidar que crezca, cuidar con esa dimensión de paternidad y maternidad que parece exagerada, pero no lo es. Es la dedicación total a esa misión de cuidar.

Además de cuidar, también debe conocer para indicarle a cada uno lo que Dios quiere a través del diálogo y la oración por el don de la sabiduría. Ayudar a que cada uno de los que están debajo de la autoridad encuentre lo que Dios quiere» (Homilía, en la Misa del cierre del Simposio sobre el pensamiento del padre José Kentenich, fundador del Movimiento de Schoenstatt, 27 de agosto de 2004).

§ «El servicio de autoridad supone esa actitud de mediar, que es desgastante; mediar ante Dios y aquella persona a quien debe conducir a Dios» (Homilía, en la Misa del cierre del Simposio sobre el pensamiento del padre José Kentenich, fundador del Movimiento de Schoenstatt, 27 de agosto de 2004).

§ «La mansedumbre sacerdotal se forja y se manifiesta, fundamentalmente, en las contradicciones que debe soportar y sufrir el pastor y en la constancia con que las sobrelleva. Allí aparece su grandeza y fortaleza de alma pues, con su corazón en tensión por las persecuciones de fuera y las angustias por dentro, descubre que cuando es débil entonces es fuerte (cfr. *2 Cor* 12, 10). Pablo explicita ampliamente esta experiencia de tensión interior y manifestación de la mansedumbre sacerdotal "para que no se desprestigie nuestro ministerio" (*2 Cor* 6, 3) y dice: "Siempre nos comportamos como corresponde a ministros de

Dios, con una gran constancia: en las tribulaciones, en las adversidades, en las angustias, al soportar los golpes, en la cárcel, en las revueltas, en las fatigas, en la falta de sueño, en el hambre. Nosotros obramos con integridad, con inteligencia, con paciencia, con benignidad, con docilidad al Espíritu Santo, con un amor sincero, con la palabra de verdad, con el poder de Dios..." (*2 Cor* 6, 4-7)» (Homilía, Misa de Apertura de la 96 Asamblea plenaria, 10 de noviembre de 2008).

§ «La mansedumbre sacerdotal expresa y acentúa aún más el trabajo de mediador propio del sacerdote. Hay algo, en la figura del mediador, que llama la atención: siempre pierde. En esto se diferencia del intermediario, que siempre gana o procura ganar. El intermediario medra a costilla de las partes: es un *"minorista"* que gana con la transferencia de bienes, un comisionista. En cambio el mediador se entrega a sí mismo, se desgasta a sí mismo, para unir a las partes, para consolidar el cuerpo de la Iglesia» (Homilía, Misa de Apertura de la 96 Asamblea plenaria, 10 de noviembre de 2008).

§ *Ante la petición de la madre de los Zebedeo...* «"No saben lo que piden. ¿Pueden beber el cáliz que yo beberé?". ¿De qué cáliz se trata? El Señor habla del cáliz del *servicio* y de dar la vida hasta el punto de derramar la sangre por los que se ama. Y más novedoso aún resulta el cambio de actitud que logró el Señor en los apóstoles, pues verdaderamente cambiaron no su ansia de grandeza, sino el camino para encontrarla y pasaron de la veleidad de los pequeños acomodos al deseo grande del verdadero poder: el poder servir por amor» (Te Deum, 25 mayo 2001).

§ «El servicio no es un mero compromiso ético, ni un voluntariado del ocio sobrante, ni un postulado utópico... Puesto que nuestra vida es un don, servir es ser fieles a lo que somos: se trata de esa íntima capacidad de dar lo que se es, de amar hasta el extremo de los propios límites... o, como nos enseñaba con su ejemplo la Madre Teresa, servir es "amar hasta que duela"» (Te Deum, 25 mayo 2001).

§ «Con la mano con la que tomamos gracia queremos reconocer que todo don y toda justicia viene primero de las manos de Dios antes que de ningún hombre (...). Y al dar nuestras dos moneditas con la otra mano, queremos dar testimonio de que somos libres y soberanos porque somos dueños de dar, de que, desde nuestra pobreza y fragilidad, primero damos y después pedimos» (Homilía en la fiesta de San Cayetano, 7 de agosto de 2003).

Capítulo 9
PERSONA Y SOCIEDAD

«¡Nuestro objetivo no es solo formar
"individuos útiles a la sociedad",
sino educar personas que puedan transformarla!».
(Mensaje a las Comunidades Educativas, 21 de abril de 2004).

§ «La dignidad se dice de las cosas absolutas porque dignidad significa que alguien o algo es valioso por sí mismo, más allá de sus funciones o de su utilidad para otras cosas. De allí que hablemos de la dignidad de la persona, de cada persona, más allá de que su vida física sea apenas un frágil comienzo o esté a punto de apagarse como una velita. Por eso hablamos de la dignidad de la persona en todas las etapas y dimensiones de su vida. La persona, cuanto más frágiles y vulnerables sean sus condiciones de vida, es más digna de ser reconocida como valiosa. Y ha de ser ayudada, querida, defendida y promovida en su dignidad. Y esto no se negocia» (Homilía en la fiesta de San Cayetano, 7 de agosto de 2007).

§ «Las personas no se pueden "contar" ni "contabilizar". No hay reducción posible de la persona a un denominador común (numérico o como se quiera) entre sí y con otras cosas del mundo. Cada uno es único. Todos importan totalmente y singularmente.

Todos nos deben importar. Ni una sola violación a la dignidad de una mujer o un hombre puede justificarse en nombre de ninguna cosa o idea. De ninguna» (Mensaje a las Comunidades Educativas en la Pascua del Señor, 2007).

§ «Cuando el hombre pierde su fundamento divino, su vida y toda su existencia empieza a desdibujarse, a diluirse, a volverse "intrascendente", pasa a ser una pieza más en cualquier rompecabezas, un peón más en el ajedrez, un insumo más en todo tipo de cadena de producción, un número más. Nada trascendente, solo uno más de muchos elementos, todos ellos intrascendentes, todos ellos insignificantes en sí mismos. Todos ellos intercambiables» (Mensaje a las Comunidades Educativas, 8 de abril de 2007).

§ «¿Puede ser deseable una sociedad que descarte a una cantidad grande o pequeña de sus miembros? Aun desde una posición egoísta, ¿cómo podré estar seguro de que no seré yo el próximo excluido? [...].
Si se acepta que "algunos sí y otros no", queda la puerta abierta para todas las aberraciones que vengan después» (Mensaje a las Comunidades Educativas, 9 de abril de 2003).

§ «Jesús al nacer ilumina también la vida de la persona en el vientre de su madre (...). Jesús se hace niño. Jesús comienza como todo niño y se integra en la vida de familia. La ternura de la madre hacia ese niño que viene, la esperanza del padre (adoptivo en este caso) que ha apostado al futuro de la promesa, al paciente crecer cada día un poco más hasta el momento de ver la luz, todo esto que se da en la gestación de los niños, con Jesús adquiere una nueva significación que ilumina la comprensión del misterio del hombre y marca nuestra existencia con valores que florecen en actitudes: ternura, esperanza, paciencia. Sin estas tres actitudes (ternura, esperanza, paciencia) no se puede respetar la vida y el crecimiento del niño por nacer. La ternura nos compromete, la esperanza nos lanza hacia el futuro, la paciencia acompaña nuestra espera en el cansino pasar de los días. Y las tres actitudes constituyen una suerte de engarce para esa vida que va creciendo día a día.

Cuando estas actitudes no están, entonces el niño pasa a ser un "objeto", alejado de su padre y de su madre, y muchas veces "algo" que molesta, alguien intruso en la vida de los adultos, quienes pretenden vivir tranquilos, replegados sobre sí mismos en un egoísmo paralizante» (Homilía en la celebración del Día del Niño por Nacer, 25 de marzo de 2004).

§ «Cuando una civilización pierde el norte, la brújula se enloquece y empieza a dar vueltas. Marca cualquier dirección, todo vale. Pero en esta brújula loca hay dos signos que son clave. Dos signos de profunda desorientación existencial. En una civilización que relativiza la verdad, siempre —y esto es constante— se experimenta con los chicos y con los ancianos. Y nuestra civilización experimenta con los chicos y con los ancianos [...].

Los niños son esperanza de un pueblo y los ancianos son esperanza de un pueblo. Los niños porque nos van a sustituir a nosotros, son los que van a recibir la antorcha. Y los ancianos porque son la sabiduría de ese pueblo y son los que nos tienen que dar lo que han vivido en su camino de la vida. Y hoy, en este siglo veintiuno, tan suficiente, los hombres experimentan con los chicos y con los ancianos» (Misa por la Educación, 10 de abril de 2012).

§ «Lo último que debemos hacer es atrincherarnos defensivamente y lamentarnos amargamente por el estado del mundo. No nos es lícito convertirnos en unos "desconfiados" *a priori* (que no es lo mismo que tener pensamiento crítico, sino su versión obtusa) y felicitarnos entre nosotros, en nuestro mundillo clausurado, por nuestra claridad doctrinal y nuestra insobornable defensa de las verdades... defensas que solo terminan sirviendo para nuestra propia satisfacción. Se trata de otra cosa: de hacer aportes positivos. Se trata de anunciar, de empezar a vivir en plenitud de otra manera, convirtiéndonos en testigos y constructores de otra forma de ser humanos, lo cual no va a darse, convenzámonos, con miradas hoscas y temples de criticones. Se trata de implementar nuestra vocación más profunda no enterrando el denario, sino de salir convencido no solo de que las cosas se pueden cambiar, sino que hay que cambiarlas y que las podemos cambiar» (Mensaje a las Comunidades Educativas en la Pascua del Señor, 2007).

§ «La familia es condición necesaria para que una persona tome conciencia y valore su dignidad: en nuestra familia se nos trajo a la vida, en la familia se nos quiere como somos, se valora nuestra felicidad y vocación personal más allá de todo interés. Sin la familia, que reconoce la dignidad de la persona por sí misma, la sociedad no logra "percibir" este valor en las situaciones límite. Solo una mamá y un papá pueden decir con alegría, con orgullo y responsabilidad: vamos a ser padres, hemos concebido a nuestro hijo. La ciencia mira esto como desde fuera y hace disquisiciones acerca de la persona que no parten del centro: de su dignidad. La mirada cristiana, en cambio, mira el corazón de las cosas» (Homilía en la fiesta de San Cayetano, 7 de agosto de 2007).

§ «La Iglesia trata de mostrar a la mentalidad moderna que la familia fundada en el matrimonio tiene dos valores esenciales para toda sociedad y para toda cultura: la estabilidad y la fecundidad» (Homilía en la Misa de Apertura de la 94 Asamblea Plenaria, 5 de noviembre de 2007).

§ «La familia es, naturalmente, el lugar de la palabra. La familia se constituye con las palabras fundamentales del amor, el sí quiero, que establece alianza entre los esposos para siempre. En la familia el bebé se abre al sentido de las palabras gracias al cariño y a la sonrisa materna y paterna y se anima a hablar. En la familia la palabra vale por la persona que la dice y todos tienen voz, los pequeños, los jóvenes, los adultos y los ancianos. En la familia la palabra es digna de confianza porque tiene memoria de gestos de cariño y se proyecta en nuevos y cotidianos gestos de cariño. Podemos sintetizar nuestras reflexiones diciendo que la familia es el lugar de la palabra porque está centrada en el amor. Las palabras dichas y escuchadas en la familia no pasan, sino que giran siempre alrededor del corazón, iluminándolo, orientándolo, animándolo. El consejo paterno, la oración aprendida leyendo los labios maternos, la confidencia fraterna, los cuentos de los abuelos... son palabras que constituyen el pequeño universo centrado en cada corazón» (Homilía en la Misa de Apertura de la 94 Asamblea Plenaria, 5 de noviembre de 2007).

§ «Mi abuela nos contaba un cuento cuando éramos chicos. Decía que en una familia el abuelo se había enfermado y envejecido mucho, entonces cuando comía se babeaba porque además le temblaba la mano; entonces el papá explicó que de ahí en más el abuelo iba a comer solo y compró una mesa para que pudiera comer el abuelo solo en la cocina y así poder invitar amigos a comer en familia sin tener que pasar la vergüenza de ver a su padre babeándose. Todos dijeron: "está bien". Un día el papá llega del trabajo y encuentra a su hijo de 4 o 5 años jugando con un cajón de manzanas y un martillo, trabajando, haciendo cosas y le pregunta: "¿Qué estás haciendo?", y el hijo le contesta: "¡Una mesa, papá!". Y el padre le pregunta: "¿Para qué?". A lo que el hijo le contesta: "Para que, cuando vos seas grande, puedas comer en ella!". ¡Lo que sembrás vos con tu ejemplo es lo que vas a cosechar de tus hijos! ¡Cuidá a los viejos, cuida la vida de los viejos porque eso es ser familia! Y no entres en la moda de que a los viejos se los guarda y se los desprecia» (Homilía en la fiesta de San Ramón Nonato, 31 de agosto de 2011).

§ «Ésta es una crisis del hombre, una crisis que destruye al hombre, es una crisis que despoja al hombre de la ética. En la vida pública, en la política, si no existe ética, una ética de referencia, todo es posible y todo se puede hacer. Y vemos, cuando leemos el periódico, cómo la falta de ética en la vida pública hace mucho mal a toda la humanidad» (Vigilia de Pentecostés con los Movimientos Eclesiales, Plaza de San Pedro, 18 de mayo de 2013).

§ «Desearía contaros una historia. (…) Es la historia que cuenta un *midrash* bíblico de un rabino del siglo XII. Él narra la historia de la construcción de la Torre de Babel y dice que, para construir la Torre de Babel, era necesario hacer los ladrillos. ¿Qué significa esto? Ir, amasar el barro, llevar la paja, hacer todo... después, al horno. Y cuando el ladrillo estaba hecho había que llevarlo a lo alto, para la construcción de la Torre de Babel. Un ladrillo era un tesoro, por todo el trabajo que se necesitaba para hacerlo. Cuando caía un ladrillo, era una tragedia nacional y el obrero culpable era castigado; era tan precioso un ladrillo que si caía era un drama. Pero si caía un obrero no ocurría nada, era otra cosa. Esto pasa hoy: si las inversiones en las bancas caen un poco... tragedia... ¿qué hacer? Pero si mueren de hambre las personas, si no tienen qué comer, si no tienen salud, ¡no pasa nada! ¡Ésta es nuestra crisis de hoy! Y el testimonio de una Iglesia pobre para los pobres va contra esta mentalidad» (Vigilia de Pentecostés con los Movimientos Eclesiales, Plaza de San Pedro, 18 de mayo de 2013).

§ «Pienso que la imagen de la madre con su hijo es la que mejor aclara lo que significa tener que enseñar al que ya *sabe*. La Iglesia es Madre y predica al pueblo como una madre que le habla a su hijo, con esa confianza de que el hijo ya sabe que todo lo que se le enseñe será para bien, porque se sabe amado» (Intervención en la Plenaria de la Comisión para América Latina, 19 de enero de 2005).

§ «La parábola del juicio final nos habla, entonces, del valor de las instituciones en el reconocimiento y la promoción de las personas. Podemos decirlo así: "Cuando el Hijo del Hombre venga en su gloria...", nos pedirá cuentas de todas aquellas veces que cumplimos o no con esos "deberes" cuya consecuencia en el plano del amor no podíamos visualizar directamente; ellos son parte del mandamiento del amor. Incluimos también el deber de participar activamente en la "cosa pública", en vez de sentarnos a mirar o criticar» (Mensaje a las Comunidades Educativas en la Pascua del Señor, 2006).

§ «Al hacer como si Jesucristo no existiera, al relegarlo a la sacristía y no querer que se meta en la vida pública, negamos tantas cosas buenas que el cristianismo aportó a nuestra cultura, haciéndola más sabia y justa; a nuestras costumbres, haciéndolas más alegres y dignas...» (Homilía en la fiesta de San Cayetano, 7 de agosto de 2010).

§ «Si nuestro hablar siempre es respuesta a una voz que nos habló primero (y, en última instancia, a la Voz que nos puso en el ser), ¿qué otro sentido puede tener la libertad que no sea abrirme la posibilidad de "ser con otros"? ¿Para qué quiero ser libre si no tengo un perro que me ladre? ¿Para qué quiero construir un mundo si en él voy a estar solo en una cárcel de lujo? La libertad, desde este punto de vista, no "termina", sino que "empieza" donde empieza la de los demás. Como todo bien espiritual, es mayor cuanto más compartida sea» (Mensaje a las Comunidades Educativas en la Pascua del Señor, 2007).

§ «¿Para qué quiero yo una libertad que me encierra en la celda de mi individualidad, que deja a los demás fuera, que me impide abrir las puertas y compartir con el vecino? ¿Qué tipo de sociedad deseable es aquella donde cada uno disfruta solo de sus bienes, y para la cual el otro es un potencial enemigo hasta que me demuestre que nada de mí le interesa?» (Mensaje a las Comunidades Educativas, 6 de abril de 2005).

§ «Frente a la concepción que reduce el trabajo a un mero empleo, que tiene por fin la producción de bienes que solo sirven para algunos, la mirada espiritual considera al trabajo como expresión de todas las dimensiones del hombre: desde la más básica, que hace al "realizarse como persona" hasta la más alta, que lo considera "servicio" de amor» (Junio de 2003).

§ «Si valoramos en su justa medida lo que significa que el Señor nos redimió con toda su vida —acciones, palabras y gestos, alegrías y padecimientos...— sus largos años de trabajo silencioso y cotidiano en el pequeño mundo de Nazaret deben pesar en nuestro ánimo con toda su magnitud. Si laten en silencio en el Evangelio es precisamente por eso: porque el valor

de una espiritualidad del trabajo es de por sí silencio-
sa, humilde, contenida» (Junio de 2003).

§ «¡Una trascendencia que no está "fuera" del
mundo! Situarnos plenamente en nuestra dimensión
trascendente no tiene nada que ver con separarnos
de las cosas creadas, con "elevarnos" por sobre este
mundo. Consiste en reconocer y vivir la verdadera
"profundidad" de lo creado. El misterio de la Encarnación es el que marca la línea divisoria entre la trascendencia cristiana y cualquier forma de espiritualis-
mo o trascendentalismo gnóstico» (Mensaje a las Comunidades Educativas en la Pascua del Señor, 2007).

§ «¡Qué lindo es mirar los signos humildes, las cosas pequeñas con que trabaja Jesús: el agua, el vino,
el pan y los pescaditos! Con estas cosas humildes es
omnipotente el Señor: sus manos se hallan a gusto
bendiciendo y partiendo el pan. Me animaría a decir
que el Señor se desborda solo en aquellos gestos que
puede hacer con sus manos: bendecir, sanar, acari-
ciar, repartir, dar la mano y levantar, lavar los pies,
mostrar las llagas, dejarse llagar...» (Homilía, Misa
del Corpus Christi 2001).

Capítulo 10
¡VAYAN, JESÚS HA RESUCITADO!

«No hay nada más opuesto al Espíritu que instalarse,
encerrarse».
(Carta a los Catequistas de la Arquidiócesis,
21 de agosto de 2012).

§ *Ante la Resurrección de Cristo...* «¡Sintamos la alegría de ser cristianos! Nosotros creemos en un Resucitado que ha vencido el mal y la muerte. Tengamos la valentía de "salir" para llevar esta alegría y esta luz a todos los sitios de nuestra vida. La Resurrección de Cristo es nuestra más grande certeza, es el tesoro más valioso. ¿Cómo no compartir con los demás este tesoro, esta certeza? No es solo para nosotros; es para transmitirla, para darla a los demás, compartirla con los demás. Es precisamente nuestro testimonio» (Audiencia general, 3 de abril de 2013).

§ «En el mundo actual, ya hay demasiado dolor y rostros entristecidos como para que quienes creemos en la Buena Noticia del Evangelio escondamos el gozo pascual. Por eso, anuncien con alegría que Jesús es el Señor... Esa alegría profunda, que tiene su causa justamente en el Señor» (Homilía a los catequistas, Encuentro Archidiocesano de Catequesis, marzo de 2005).

§ «¿Qué significa anunciar? Es algo más que decir algo, que contar algo. Es más que enseñar algo. Anunciar es afirmar, gritar, comunicar, es transmitir con toda la vida. Es acercarle al otro su propio acto de fe que —por ser totalizador— se hace gesto, palabra, visita, comunión... Y anunciamos no un mensaje frío o un simple cuerpo doctrinal. Anunciamos ante todo una Persona, un acontecimiento. Cristo nos ama y ha dado su vida por nosotros (cfr. *Ef* 2, 1-9)» (Homilía a los catequistas, Encuentro Archidiocesano de Catequesis, marzo de 2005).

§ «Desde aquella bendita madrugada del domingo de la historia, resuenan en el tiempo y el espacio las palabras del ángel que acompaña el anuncio de la resurrección: "Vayan, digan a sus discípulos y a Pedro que Él irá antes que ustedes a Galilea; allí lo verán" (*Mc* 16, 7). El Maestro siempre nos precede, Él va delante (cfr. *Lc* 19, 28) y, por eso, nos pone en camino, nos enseña a no quedarnos quietos. Si hay algo más opuesto al acontecimiento pascual es el decir: "estamos aquí, que vengan". El verdadero discípulo sabe y cuida un mandato que le da identidad, sentido y belleza a su creer: "Vayan..." (*Mt* 28, 19)» (Carta a los catequistas, agosto de 2007).

§ «Cuando una persona conoce verdaderamente a Jesucristo y cree en Él, experimenta su presencia en la vida y la fuerza de su Resurrección, y no puede dejar de comunicar esta experiencia. Y, si esta persona encuentra incomprensiones o adversidades, se comporta como Jesús en su Pasión: responde con el amor y la fuerza de la verdad» (Regina coeli, 14 de abril de 2013).

§ «¡Cuántas veces nos sentimos tironeados a quedarnos en la comodidad de la orilla! Pero el Señor nos llama para navegar mar adentro y arrojar las redes en aguas más profundas (cfr. *Lc* 5, 4). Nos llama a que lo anunciemos con audacia y fervor apostólico, a gastar nuestra vida en su servicio» (Carta con motivo del inicio de la Cuaresma, 25 de febrero de 2004).

§ «Jesús elige a los apóstoles, los primeros obispos de la Iglesia, para que lleven la luz del Evangelio, la profecía al momento, a cada situación histórica distinta. Varias veces les va a decir que no se preocupen cuando los persigan porque el Padre los cuida, que no se preocupen cuando los lleven a la cárcel porque el Espíritu Santo les va a inspirar cómo se tienen que defender, pero que perseveren hasta el final» (Homilía, Misa en el 25 aniv. Muerte de Mons. Vicente Zazpe, 24 de enero de 2009).

§ «Los primeros anunciadores de la Buena Noticia de Jesucristo anunciaron en términos de contemplación y testimonio: "Lo que hemos visto y oído, lo que hemos tocado con nuestras manos, eso les comunicamos para que ustedes tengan vida". Frente a la infinidad de imágenes que pueblan el mundo, solo el ejercicio austero de la contemplación del Rostro de Cristo nos permite espejar con realismo nuestra condición herida por el pecado en los ojos misericordiosos de Jesús, y descubrir en el Rostro del Señor el rostro de nuestros hermanos para hacernos más prójimos. Solo el ejercicio austero de la contemplación del Rostro de Cristo nos permite descubrir el mismo Rostro del Señor en el otro para hacernos prójimos. Jesús es el Rostro visible del Dios invisible, y los excluidos y marginados de hoy son el rostro visible de Jesús. La contemplación es la que permite unir la paradoja de hacer visibles los rostros invisibles» (Homilía, 3° Congreso de Comunicadores, octubre de 2002).

§ «La incoherencia de los fieles y los Pastores entre lo que dicen y lo que hacen, entre la palabra y el modo de vivir, mina la credibilidad de la Iglesia» (Homilía, Misa del 14 de abril de 2013).

§ El «centrarnos en Cristo paradójicamente nos tiene que descentralizar. Porque donde hay verdadera vida en Cristo hay salida en nombre de Cristo. ¡Esto es auténticamente recomenzar en Cristo! Es reconocernos llamados por Él a estar con Él, a ser sus discípulos pero para experimentar la gracia del envío, para salir a anunciar, para ir al encuentro del otro (cfr. *Mc* 3, 14). Recomenzar desde Cristo es mirar al Maestro Bueno que nos invita a salirnos de nuestro camino habitual para hacer de lo que acontece junto al camino, al borde, en la periferia, experiencia de "projimidad" y verdadero encuentro con el amor que nos hace libres y plenos» (Carta a los catequistas, agosto de 2007).

§ *Ante la pregunta de cómo comunicar eficazmente la fe hoy en día, respondió con tres ideas.* «La primera: Jesús. ¿Qué es lo más importante? Jesús. Si vamos adelante con la organización, con otras cosas, con cosas bellas, pero sin Jesús, no vamos adelante; la cosa no marcha. Jesús es más importante (...).

La segunda palabra es: la oración. Mirar el rostro de Dios, pero sobre todo —y esto está unido a lo que he dicho antes— sentirse mirado. El Señor nos mira: nos mira antes. Mi vivencia es lo que experimento ante el sagrario cuando voy a orar, por la tarde, ante el Señor. Algunas veces me duermo un poquito; esto es verdad, porque un poco el cansancio del día te adormece. Pero Él me entiende. Y siento tanto consuelo cuando pienso que Él me mira. Nosotros pensamos que debemos rezar, hablar, hablar, hablar... ¡no! Déjate mirar por el Señor. Cuando Él nos mira, nos da la fuerza y nos ayuda a testimoniarle —porque la pregunta era sobre el testimonio de la fe, ¿no?—. Primero "Jesús"; después "oración" —sentimos que Dios nos lleva de la mano—. Así que subrayo la importancia de dejarse guiar por Él. Esto es más importante que cualquier cálculo. Somos verdaderos evangelizadores dejándonos guiar por Él. (...) Dejarse guiar por Jesús. Es precisamente el *leader*, nuestro *leader* es Jesús.

Y la tercera: el testimonio. Jesús, oración —la oración, ese dejarse guiar por Él— y después el testimonio. Pero desearía añadir algo. Este dejarse guiar por Jesús te lleva a las sorpresas de Jesús. Se puede pensar que la evangelización debemos programarla teóricamente, pensando en las estrategias, haciendo planes. Pero estos son instrumentos, pequeños instrumentos. Lo importante es Jesús y dejarse guiar por Él. Después podemos trazar las estrategias, pero esto es secundario.

Finalmente, el testimonio: la comunicación de la fe se puede hacer solo con el testimonio, y esto es el amor. No con nuestras ideas, sino con el Evangelio vivido en la propia existencia y que el Espíritu Santo hace vivir dentro de nosotros. Es como una sinergia entre nosotros y el Espíritu Santo, y esto conduce al testimonio. A la Iglesia la llevan adelante los santos, que son precisamente quienes dan este testimonio. Como dijo Juan Pablo II y también Benedicto XVI, el mundo de hoy tiene mucha necesidad de testigos. No tanto de maestros, sino de testigos. No hablar tanto, sino hablar con toda la vida: la coherencia de vida, ¡precisamente la coherencia de vida!» (Vigilia de Pentecostés con los Movimientos Eclesiales, Plaza de San Pedro, 18 de mayo de 2013).

§ *Comentando la reacción de los apóstoles ante las amenazas del Sumo Sacerdote de no predicar más a Jesús...* «Al mandato de permanecer en silencio, de no seguir enseñando en el nombre de Jesús, de no anunciar más su mensaje, ellos responden claramente: "Hay que obedecer a Dios antes que a los hombres". Y no los detiene ni siquiera el ser azotados, ultrajados y encarcelados. Pedro y los Apóstoles anuncian con audacia, con parresia, aquello que han recibido, el Evangelio de Jesús. ¿Y nosotros somos capaces de llevar la Palabra de Dios a nuestros ambientes de vida? ¿Sabemos hablar de Cristo, de lo que representa para nosotros, en familia, con los que forman parte de nuestra vida cotidiana? La fe nace de la escucha, y se refuerza con el anuncio» (Homilía, Misa del 14 de abril de 2013).

§ «"No teman", les dijo el ángel a las mujeres que fueron al sepulcro. Y esas dos palabras resonaron en lo hondo de la memoria, despertaron la voz amada que tantas veces las había instado a dejar de lado toda duda y temor; y también reavivó la esperanza que enseguida se tornó fe y alegría desbordante en el encuentro con el Resucitado que les ofrecía el don infinito de recordar todo para esperarlo todo. "No teman: yo estoy con ustedes siempre", habrá repetido más de una vez el Señor a su pequeño grupo de seguidores, y seguirá repitiéndoselo cuando ese pequeño grupo acepte el desafío de ser luz de los pueblos, primicia de un mundo nuevo. "No teman", nos dice hoy a quienes nos enfrentamos a una tarea que parece tan difícil, en un contexto que nos retacea certezas y ante una realidad social y cultural que parece condenar todas nuestras iniciativas a una especie de fracaso *a priori*, pues no es otra cosa el desaliento y la desconfianza» (Mensaje a las Comunidades Educativas en la Pascua del Señor, 2007).

§ «No hay lugar para el temor a los conflictos porque en el hoy del Señor "el amor vence al temor". No hay lugar para la incertidumbre porque "el Señor está con nosotros 'todos los días' hasta el fin del mundo", él lo ha prometido y nosotros sabemos "en quién nos hemos confiado". No hay lugar para la angustia porque el hoy de Jesús es el hoy del Padre, que "sabe muy bien lo que necesitamos" y en sus manos sentimos que "a cada día le basta su afán". No hay lugar para la inquietud porque el Espíritu nos hace decir y hacer lo que hace falta en el momento oportuno» (Homilía, Misa Crismal 2005).

§ «Los cristianos tristes son cristianos enfermos. Son cristianos con sarampión, que siempre están ahí con una enfermedad de chicos, que nunca crecen. Que no dan el salto. Salto que lo da el que se siente amado, que se siente ¡ganador!» (Homilía en la Misa de la Renovación Carismática católica, 4 de junio de 2011).

§ «Con frecuencia sentimos la fatiga y el cansancio. Nos tienta el espíritu de acedia, de pereza. También miramos todo lo que hay por hacer, y lo poco que somos. Como los apóstoles le decimos al Señor: "¿qué es esto para tanta gente?" (*Jn* 6, 9), ¿qué somos nosotros para cuidar tanta fragilidad? Y allí justamente radica nuestra fortaleza: en la confianza humilde de quien ama y se sabe amado y cuidado por el Padre, en la confianza humilde de quien se sabe elegido gratuitamente y enviado. La experiencia de san Pablo fue llevar un tesoro en vasija de barro (*2 Cor* 4, 7), y nos la transmite a todos nosotros. Es la mirada sobre sí mismo y los demás. No tiene miedo a mirar la vasija de barro porque precisamente el tesoro que lleva dentro está fundamentado en Jesucristo, y de Él le viene el coraje, la audacia, el fervor apostólico» (Carta con motivo del inicio de la Cuaresma, 25 de febrero de 2004).

§ «A todos nos ha sucedido alguna vez encontrarnos detenidos y desorientados en el camino, sin saber qué pasos dar. La realidad muchas veces se nos impone clausurada, sin esperanza. Dudamos, como el pueblo de Israel, de las promesas y presencia del Señor de la historia y nos dejamos envolver por la mentalidad positivista que pretende constituirse en clave interpretativa de la realidad. Renunciamos a nuestra vocación de hacer historia, para sumarnos al coro nostálgico de quejas y reproches: "Ya te decíamos cuando estábamos en Egipto. ¡Déjanos tranquilos! Queremos servir a los egipcios, porque más vale estar al servicio de ellos que morir en el desierto" (*Ex* 14, 12). El fervor apostólico nos ayudará a tener memoria, a no renunciar a la libertad, a caminar como pueblo de la Alianza: "No olvides al Señor que te hizo salir de Egipto, de un lugar de esclavitud" (*Dt* 6, 12)» (Carta a los catequistas, agosto de 2004).

§ *Comentando el pasaje donde Jesús camina sobre las aguas e invita a Pedro a caminar sobre ellas en medio del temporal...* «Queremos atraer sobre nosotros la mirada compañera de Jesús, el Hijo amado, que también se lanza mar adentro y viene a nuestro encuentro en nuestras fragilidades y en las dificultades de la vida cuando ve que, por amor a Él, hemos quedado expuestos, y necesitados que nos dé una mano porque en la fe nos hemos lanzado al agua y solos no podemos» (Homilía, Misa del Corpus Christi 2005).

§ «Nunca nos dejemos vencer por el pesimismo, por esa amargura que el diablo nos ofrece cada día; no caigamos en el pesimismo y el desánimo: tengamos la firme convicción de que, con su aliento poderoso, el Espíritu Santo da a la Iglesia el valor de perseverar y también de buscar nuevos métodos de evangelización, para llevar el Evangelio hasta los extremos confines de la tierra (cfr. *Hch* 1, 8). La verdad cristiana es atrayente y persuasiva porque responde a la necesidad profunda de la existencia humana, al anunciar de manera convincente que Cristo es el único Salvador de todo el hombre y de todos los hombres. Este anuncio sigue siendo válido hoy, como lo fue en los comienzos del cristianismo, cuando se produjo la primera gran expansión misionera del Evangelio» (Audiencia a todos los cardenales presentes en Roma, 15 de marzo de 2013).

§ «Una cosa es predicar a Jesús, otra cosa es la eficacia, ser eficaces. No; aquello es otro valor. El valor de la Iglesia, fundamentalmente, es vivir el Evangelio y dar testimonio de nuestra fe» (Vigilia de Pentecostés con los Movimientos Eclesiales, Plaza de San Pedro, 18 de mayo de 2013).

§ «Nuestro mundo se caracteriza por la "impaciencia del tener". Las cosas tecnológicas "impacientan", el dinero "impacienta", las estadísticas "impacientan". Y no con "la divina impaciencia" del celo apostólico, que transmite la paz al rostro y la dulzura al corazón de aquel que está inquieto por ganar corazones para Cristo. La impaciencia del mundo endurece el rostro y agría el corazón» (Conferencia sobre la formación de los sacerdotes, en la conmemoración del 25 aniversario del Seminario *La Encarnación* de la Ciudad de Resistencia, 25 de marzo de 2010).

§ «Les pido trabajar con esa *audacia*, con intenso *fervor apostólico*. Al hacernos cargo de la fragilidad, nuestra y de nuestro pueblo, queremos *caminar con audacia*, esa actitud que suscitaba el Espíritu Santo en los Apóstoles y los llevaba a anunciar a Jesucristo. Audacia, coraje, hablar con libertad, *fervor apostólico*... todo eso se incluye en el vocablo *parresía*, palabra con la que san Pablo significa "la libertad y el coraje de una existencia, que es abierta en sí misma, porque se encuentra disponible para Dios y para el prójimo"» (Carta con motivo del inicio de la Cuaresma, 25 de febrero de 2004).

§ *Comentando la reacción de Pedro, confesándose hombre pecador, ante la primera pesca milagrosa*... «La conciencia de la propia fragilidad, humildemente confesada por Pedro, no suscita por parte del Señor una invitación al repliegue, sino que lo mueve a enviarlo en misión, a exhortarlo a que navegue mar adentro, a que se anime a ser pescador de hombres» (Homilía, Misa Crismal 2004).

§ *Comentando la parábola del sembrador*... «Porque hay modos y modos de mirar... Están quienes miran con ojos de estadísticas... y muchas veces solo ven números, solo saben contar... Están quienes miran con ojos de resultados... y muchas veces solo ven fracasos... Están quienes miran con ojos de impaciencia... y solo ven esperas inútiles...

Pidámosle a quien nos ha metido en esta siembra, que nos haga partícipes de su mirada, la del sembrador bueno y "derrochón" de ternura. Para que sea una mirada confiada y de largo aliento, que no ceda a la tentación estéril de curiosear cada día el sembrado porque sabe bien que, sea que duerma o vele, la semilla crece por sí misma.

Una mirada esperanzadora y amorosa que, cuando ve despuntar la cizaña en medio del trigo, no tiene reacciones quejosas ni alarmistas, porque sabe y tie-

ne memoria de la fecundidad gratuita de la caridad»
(Homilía a los catequistas, Encuentro Archidiocesano de Catequesis, marzo de 2005).

§ «El recuerdo de la multiplicación de los panes
(junto con el de las bodas de Caná) nos ha quedado
en el corazón como el evangelio de la desproporción.
Lo que salió de las manos del Señor que bendecían
fue un derroche de pan: los cinco panes se convirtie-
ron en cinco mil. La desproporción fue más allá de
todo cálculo humano, ese cálculo "realista", casi ma-
temático, que llevaba a los discípulos a decir con es-
cepticismo: a no ser que vayamos a comprar para dar
de comer a todo este gentío. Hubo sobreabundancia:
todos comieron hasta saciarse. Y hasta derroche: re-
cogieron las sobras, doce canastas. Un derroche en el
que no se perdió nada, tan diferente de los derroches
escandalosos a los que nos tienen acostumbrados algunos ricos y famosos.

El mensaje del Evangelio es claro, diáfano, cálido
y contundente: donde está Jesús desaparecen las pro-
porciones humanas. Y, paradójicamente, la desproporción de Dios es más humana (más realista, más
simple, más verdadera, más realizable) que nuestros
cálculos» (Homilía, Misa del Corpus Christi 2001).

§ *Comentando el martirio de Esteban...* «¡A lo largo
de los siglos el discipulado cristiano brilló con innu-
merables hombres y mujeres que no escondieron la
fe que guardaban en sus corazones; a ellos el Espíritu
Santo les dictaba lo que tenían que decir en los tribu-
nales (cfr. *Mc* 13, 11) e iban valerosos y transfigura-
dos al martirio: el fuerte Policarpo que permaneció

firme en el poste sin querer ser esclavo y cuyo cuerpo se transfiguró, en medio de la hoguera, como si fuera pan cocido en el velamen de un barco. Felicitas, valiente con sus hijos. Águeda que "contenta y alegre se dirigía a la cárcel, como invitada a bodas, y encomendaba al Señor su combate". Los 26 japoneses en la colina de Nagasaki, orando, cantando salmos, animándose mutuamente. La serenidad de Maximiliano Kolbe al tomar el sitio de otro; el abandono en el Señor de Edith Stein quien repetía constantemente: "no sé que tiene dispuesto hacer Dios conmigo, pero no tengo por qué preocuparme de ello". Y así tantos otros, aun en tiempos cercanos. Todos ellos siguen el camino testimonial de Esteban y reeditan en su martirio también la transformación de su rostro que parecía el de un ángel. Ellos habían asumido en su corazón la Bienaventuranza del Señor: ¡Felices ustedes cuando los hombres los odien, los excluyan, los insulten y los proscriban, considerándolos infames a causa del Hijo del Hombre» (*Lc* 6, 22). Hombres y mujeres que no se avergonzaron de Jesucristo e, imitándolo en la cruz, llevaron adelante la vida de la Iglesia» (Asamblea del Episcopado, abril de 2007).

Epílogo
LA VIRGEN MARÍA

«María no debe ser solo conclusión, sino, más explícitamente, una referencia de centro».

(Plenaria de la Comisión para América Latina, Roma, enero de 2005).

§ «Dios tenía una carencia para poder meterse humanamente en nuestra historia: necesitaba madre, y nos la pidió a nosotros» (Homilía en la Misa de apertura de la 102 Asamblea Plenaria de la CEA, 7 de noviembre de 2011).

§ «María partió y fue sin demora al pueblo donde vivía su prima. No perdió el tiempo. Impulsada por el Espíritu Santo, su corazón dócil al Espíritu Santo no perdió el tiempo. Les confieso que a mí esta imagen de la Virgen apurada me gusta mucho. Habría que introducirla en las letanías familiares. Nuestra Señora la apurada por servir, rezá por nosotros. La Virgen que está movida por ese apuro del servicio, por llevar algo. No le fue a dar catequesis a su prima, no le fue a contar como chisme la grandeza que llevaba dentro, fue a servir. El apuro del servicio. El desovillarse a sí misma para servir. Esa Virgen que no calcula los riesgos: los riesgos del camino, los riesgos de dejar ese pueblo tres meses y volver ya con los signos de la

113

maternidad. No calcula nada, se apura y va» (Homilía, en la celebración de la aprobación pontificia del Instituto Critífero elevado a Instituto Secular, Catedral de Azul, 27 de enero de 2012).

§ «Pienso en María, ¿cómo viviría las contradicciones cotidianas y cómo oraría sobre ellas? ¿Qué pasaba por su corazón cuando regresaba de Ain Karim y ya eran evidentes los signos de su maternidad? ¿Qué le iba a decir a José? O, ¿cómo hablaría con Dios en el viaje de Nazaret a Belén o en la huida a Egipto, o cuando Simeón y Ana espontáneamente armaron esa liturgia de alabanza, o aquel día en que su Hijo se quedó en el templo, o al pie de la cruz? Ante estas contradicciones y tantas otras, ella oraba y su corazón se fatigaba en la presencia del Padre pidiendo poder leer y entender los signos de los tiempos» (Carta a los sacerdotes, consagrados y consagradas de la Arquidiócesis, 2007).

§ «Ella aprendió a escuchar a Jesús. Lo había llevado en su vientre, lo había seguido durante toda su vida. Fue la primera discípula de Jesús, la que lo siguió más de cerca, la que lo imitó mejor y eso porque lo supo escuchar. Nunca cerró su corazón a la palabra de Jesús. María, la mujer que supo escuchar... y escuchando, cada día, fue aprendiendo a escuchar más y escuchando a Jesús aprendió también cómo escuchar a sus hijos (...). Que ella nos enseñe cómo se escucha. Cómo se escucha a Dios, cómo se escucha al prójimo» (Homilía, 34 peregrinación juvenil al Santuario de Luján, 5 de octubre de 2008).

§ «La Virgen se acerca a Jesús y le dice: mirá el problema. Jesús primero le dice que no es el momento pero le hace caso. Creo que Ella lo había educado de chiquito a mirar la vida de los demás preparando así su corazón humano para ser el hombre que comprende, acompaña, consuela todo dolor y todo problema humano. Y Jesús mira dónde está el problema. Es curioso, después, a lo largo de su vida, siempre encontramos en el Evangelio que Jesús mira a la vera del camino a los que están al borde del camino, a los que se esconden por vergüenza o por miedo. Los que no se animan a estar con los demás porque tienen problemas o porque son leprosos o porque son ciegos o paralíticos, o son pecadores, son considerados como pecadores porque todos somos pecadores» (Homilía en la misa por las víctimas del terremoto de Haití, 17 de enero de 2010).

§ «De pie junto a la cruz estaba y sigue estando junto a las cruces de los que están con dolores en sus vidas. Ahí donde hay una cruz, en el corazón de cada hijo suyo, está nuestra Madre» (Homilía en la 37 peregrinación juvenil a Luján, 2011).

§ «"Y desde aquella hora", dice el Evangelio, "el discípulo Juan se la llevó a su casa", la cuidó. La cuidaba y ella cuidaba a sus discípulos. Quizá uno de los rasgos que más se ven en una familia es cuidarse unos a otros, el rasgo, quizá, que más nos caracterizará como hermanos es cuidarnos unos a otros. Como aquel samaritano, que encontró a ese hombre asaltado en el camino de Jerusalén a Jericó, lo curó, lo subió arriba del burro, lo llevó al hotel,

115

lo cuidó. Cuidarnos. Madre, enséñanos a cuidarnos como nos cuidás vos. Eso es lo que le pedimos a ella, hoy también» (Homilía, 32 peregrinación juvenil al Santuario de Luján, 2006).

§ «Después del inmenso gozo que siente al recibir a los pastores, a los magos y ese reconocimiento universal a Jesús, viene la amenaza de muerte y el exilio... Y María acompaña el exilio. Después acompaña el regreso, la educación del niño y su crecimiento... va acompañando esa vida que crece, con las dificultades que tiene, las persecuciones, acompaña la cruz, acompaña su soledad esa noche en que lo torturaron justamente toda la noche... al pie de la cruz está ella... acompaña la vida de su hijo y acompaña su muerte. Y en su profunda soledad no pierde la esperanza y acompaña su resurrección plena de gozo. Pero ahí no termina su trabajo porque Jesús le encomienda la Iglesia naciente y desde entonces acompaña a la Iglesia naciente, acompaña la vida.

María, la mujer que recibe y acompaña la vida... hasta el final; con todos los problemas que se puedan presentar y todas las alegrías que la vida también nos da» (Homilía, Misa por la vida, 25 de marzo de 2011).

§ «Existe una misteriosa relación entre María, la Iglesia y cada alma fiel. María y la Iglesia, ambas son madres, ambas conciben virginalmente del Espíritu Santo, ambas dan a luz para Dios padre una descendencia sin pecado. Y también puede decirse de cada alma fiel» (Homilía en la Misa de apertura de la 102 Asamblea de la Conferencia Episcopal Argentina, 9 de mayo de 2011).

§ «Una mamá ayuda a sus hijos a *crecer* y quiere que crezcan bien; por eso los educa para que no se dejen llevar por la pereza —a veces fruto de un cierto bienestar—, para que no cedan a una vida cómoda que se conforma solo con tener cosas. La mamá se preocupa de que sus hijos sigan creciendo más, crezcan fuertes, capaces de asumir responsabilidades y compromisos en la vida, de proponerse grandes ideales. El evangelio de san Lucas dice que, en la familia de Nazaret, Jesús "iba creciendo y robusteciéndose, lleno de sabiduría; y la gracia de Dios estaba con él" (*Lc* 2, 40). La Virgen María hace esto mismo en nosotros, nos ayuda a crecer humanamente y en la fe, a ser fuertes y a no ceder a la tentación de ser superficiales, como hombres y como cristianos, sino a vivir con responsabilidad, a ir siempre más allá» (Alocución durante el rezo del Santo Rosario, 4 de mayo de 2013).

§ «Una mamá además se ocupa de la salud de los hijos educándolos para que *afronten las dificultades de la vida*. No se educa, no se cuida la salud evitando los problemas, como si la vida fuese un camino sin obstáculos. La mamá ayuda a sus hijos a ver con realismo los problemas de la vida y a no venirse abajo, sino a afrontarlos con valentía, a no ser flojos, a superarlos, conjugando adecuadamente la seguridad y el riesgo, que una madre sabe "intuir". Y esto una mamá sabe hacerlo. Non lleva al hijo solo por el camino seguro, porque de esa manera el hijo no puede crecer, pero tampoco lo abandona siempre en el camino peligroso, porque es arriesgado. Una mamá sabe sopesar las cosas. Una vida sin desafíos no existe y un chico o una joven que no sabe afrontarlos poniendo en juego su propia vida es un chico o una joven sin consistencia (…). María ha pasado muchos momentos no fáciles en su vida, desde el nacimiento de Jesús, cuando "no había sitio para ellos en la posada" (*Lc* 2 ,7), hasta el Calvario (cfr. *Jn* 19, 25). Como una buena madre está a nuestro lado, para que no perdamos jamás el arrojo frente a las adversidades de la vida, frente a nuestra debilidad, frente a nuestros pecados: nos fortalece, nos señala el camino de su Hijo. Jesús, desde la cruz, dice a María indicando a Juan: "Mujer, ahí tienes a tu Hijo", y a Juan: "Ahí tienes a tu madre" (cfr. *Jn* 19, 26-27). En aquel discípulo estamos representados todos nosotros: el Señor nos encomienda en las manos llenas de amor y de ternura de la Madre, de modo que podamos contar con su ayuda para afrontar y vencer las dificultades de nuestro camino humano y cristiano; no temer las dificultades, afrontarlas con la ayuda de mamá» (Alocución durante el rezo del Santo Rosario, 4 de mayo de 2013).

§ «Un último aspecto: una buena mamá no solo sigue de cerca el crecimiento de sus hijos sin evitar los problemas, los retos de la vida; una buena mamá ayuda también a *tomar decisiones definitivas con libertad*. Esto no es fácil, pero una mamá sabe hacerlo (…). María, como buena madre que es, nos enseña a ser, como Ella, capaces de tomar decisiones definitivas; decisiones definitivas, en este momento en el que reina, por decirlo así, la filosofía de lo pasajero. Es tan difícil comprometerse en la vida definitivamente. Y ella nos ayuda a tomar decisiones definitivas con aquella libertad plena con la que respondió "sí" al designio de Dios en su vida (cfr. *Lc* 1, 38).

Queridos hermanos y hermanas, ¡qué difícil es tomar decisiones definitivas en nuestros días! Nos seduce lo pasajero. Somos víctimas de una tendencia que nos lleva a la provisionalidad... como si quisiésemos seguir siendo adolescentes. Es de alguna manera la fascinación del permanecer adolescentes, y esto: ¡para toda la vida! ¡No tengamos miedo a los compromisos definitivos, a los compromisos que implican y exigen toda la vida! ¡Así la vida será fecunda! Y esto es libertad: tener el valor de tomar estas decisiones con magnanimidad» (Alocución durante el rezo del Santo Rosario, 4 de mayo de 2013).

ÍNDICE

PRESENTACIÓN 7

Capítulo 1
EL ENCUENTRO CON DIOS 11

Capítulo 2
PECADO Y SALVACIÓN 25

Capítulo 3
ORACIÓN 33

Capítulo 4
BONDAD, BELLEZA, VERDAD Y UNIDAD 41

Capítulo 5
SANTIDAD: LA LUCHA EN EL ESPÍRITU 49

Capítulo 6
YO SOY EL PAN VIVO 61

Capítulo 7
AMARÁS AL PRÓJIMO COMO A TI MISMO 71

Capítulo 8
EL PODER ES SERVICIO 81

Capítulo 9
PERSONA Y SOCIEDAD 89

Capítulo 10
¡VAYAN, JESÚS HA RESUCITADO! 99

Epílogo
LA VIRGEN MARÍA 113

ÍNDICE 121

LIBROS SOBRE
EL PAPA FRANCISCO

REZAR CON EL PAPA FRANCISCO
Eduardo Camino (ed.)

FRANCISCO. EL PAPA DEL NUEVO MUNDO
Equipo Editorial

LOS SANTOS QUE MÁS INSPIRAN
AL PAPA FRANCISCO

EL MENDIGO ALEGRE
Historia de San Francisco de Asís
Louis de Wohl
13ª edición

EL HILO DE ORO
Vida y época de San Ignacio de Loyola
Louis de Wohl
7ª edición

SANTA TERESITA
Vida de Teresa de Lisieux, Doctora de la Iglesia
Maxence Van der Meersch
8ª edición

LA SOMBRA DEL PADRE
Historia de José de Nazaret
Jan Dobraczynski
20ª edición

OTROS TÍTULOS
DE LA COLECCIÓN DOCUMENTOS MC

EL ESPÍRITU SANTO EN PENTECOSTÉS
Benedicto XVI

EL EVANGELIO DE BEDEDICTO XVI
Benedicto XVI

LA ORACIÓN DE JESÚS
Benedicto XVI

CARTA A LOS BUSCADORES DE DIOS
Conferencia Episcopal Italiana

CARITAS IN VERITATE
Sobre el desarrollo humano integral en la caridad y en la verdad
Benedicto XVI

SPE SALVI
Sobre la esperanza cristiana
Benedicto XVI 3ª edición

DOCUMENTA
Documentos publicados desde el Concilio Vaticano II hasta nuestros días
Congregación para la Doctrina de la Fe

LEXICÓN
Términos ambiguos y discutidos sobre familia, vida y cuestiones éticas
Consejo Pontificio para la Familia
3ª edición

SACRAMENTUM CARITATIS
Exhortación apostólica sobre la Eucaristía, fuente y culmen de la vida y de la misión de la Iglesia
Benedicto XVI
2ª edición

EL GENOMA HUMANO
Consejo Pontificio para la Pastoral de la Salud

DEUS CARITAS EST
Sobre el amor cristiano
Benedicto XVI
3ª edición

CUIDADOS PALIATIVOS
Situación actual. Diversos planteamientos aportados por la fe y la religión. ¿Qué hacer?
Consejo Pontificio para la Pastoral de la Salud

LA IGLESIA VIVE DE LA EUCARISTÍA
Juan Pablo II
4ª edición

EL ABORTO
100 Cuestiones y respuestas sobre la defensa de la vida humana y la actitud de los católicos
Conferencia Episcopal Española y Comité para la Defensa de la Vida
6ª edición

LA EUTANASIA
100 Cuestiones y respuestas. La eutanasia es inmoral y antisocial
Juan Pablo II, Congregación de la Doctrina de la Fe y Conferencia Episcopal Española
3ª edición

LA DEPRESIÓN
¿Cuál es su situación actual en el mundo? ¿Cómo comprenderlo a la luz de la fe? ¿Cómo afrontarla?
Consejo Pontificio para la Pastoral de la Salud

CARTAS A LAS MUJERES, LAS FAMILIAS, LOS NIÑOS, LOS JÓVENES Y LOS ANCIANOS
Juan Pablo II

EL ROSARIO DE LA VIRGEN MARÍA
Juan Pablo II
4ª edición

JESUCRISTO, PORTADOR DEL AGUA DE LA VIDA
Una reflexión cristiana sobre New Age
Consejo Pontificio de la Cultura y Cons. Pont. Para el Diálogo Interreligioso

PARA AMAR A LA VIRGEN
De la "Fulgens corona" de Pío XII al "Rosario de la Virgen María"
Juan Pablo II, Pío XII, Pablo VI, Juan Pablo II y Concilio Vaticano II
3ª edición

EL CELIBATO SACERDOTAL
Pablo VI

SEXUALIDAD HUMANA: VERDAD Y SIGNIFICADO
Orientaciones educativas en la familia
Consejo Pontificio para la Familia
10ª edición

REDEMPTOR HOMINIS
Sobre la Redención del hombre
Juan Pablo II
4ª edición

SALVIFICI DOLORIS
Sobre el sentido cristiano del sufrimiento humano
Juan Pablo II
5ª edición

FIDES ET RATIO
Sobre las relaciones entre fe y razón
Juan Pablo II
3ª edición

EVANGELIUM VITAE
Sobre el valor y el carácter inviolable de la vida humana
Juan Pablo II
3ª edición

www.palabra.es
Telfs.: 91 350 77 20 - 350 77 39
comercial@palabra.es